# 輕鬆成為新富族

# 迷你退休 樂活手冊

## 你值得擁有更好的人生

腦力開發權威 **黃千碩** ／ 著

趁年輕，成為全世界最有錢的人之一。

趁年輕，就培養好做事有效率的習慣。

趁年輕，完成環遊世界七大洲的夢想。

# 目 錄

# Contents

# 黃千碩老師 vs. 腦力開發

　　腦力開發為美國哈佛大學、英國劍橋大學於 1960 年代起致力研發的優等教育方式之一，日本、德國、芬蘭、以色列、新加坡亦盛行多年。腦力開發的相關課程、工具、技巧、方法分別有：Mind Mapping、全腦式速讀、超強記憶術、曼陀羅思考法、魅力演說與精采簡報、Brainstorming 腦力風暴（激盪）創意思考法、商業模式、口語表達、讀心術以及非語言溝通技巧、目標設立＋時間管理、天賦智能應用等。

　　2008 年世界首富比爾蓋茲於微軟退休，同一年接受美國《時代雜誌》（*TIME*）採訪，特別提到他成功的關鍵之一就是學習了腦力開發相關技術。目前全球 500 大企業高階主管均接受腦力開發訓練，協助企業與個人工作更有品質與效率，特別是創新研發以及思考出更獨特的商業模式。

　　黃千碩老師為華人界最資深的腦力開發訓練權威，專職從事腦力開發已連續 15 年（華人界目前極少數有此領域專家），現任英特利傑文教企業董事長、黃千碩天才學院創辦人暨首席講師。

## 黃千碩腦力開發專業訓練

　　幫助您和孩子頭腦更聰明、更年輕、更健康！教您善用創意、結合商務實戰技巧 × 工作效率術，讓您和孩子快速成為職場菁英、行業中的佼佼者、創業成功！讓您表達有魅力，輕鬆學習多國語言，通過重要考試，每天思緒清晰、活力十足！幫助您看書快 10 倍、擁有過目不忘的記憶力，還可以應用在投資理財、兒女教育。腦力開發是一種啟發性的思考技術，人人可學，引導學員自己學會創造更美好的未來。

**千碩老師的使命**

　　幫助學生遠離填鴨式教育，讀書輕鬆、博學多聞、有更多時間鑽研興趣，成為有價值的人！

　　幫助上班族遠離加班文化，工作有效率有品質、培養第二專長，增加更高收入！

　　幫助更多人懂得用腦經營事業、不用努力工作、輕鬆有錢又有閒，家庭擺第一，健康最重要。

　　推廣腦力開發成為國民教育、提升華人全球競爭力！

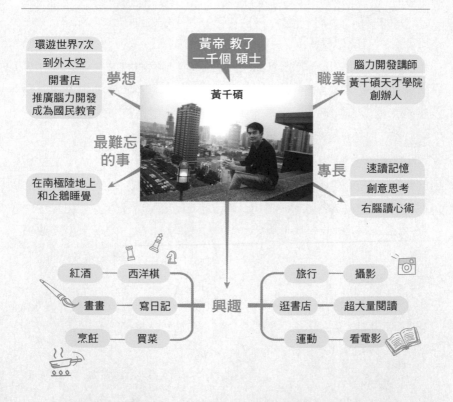

# 活出全新的自己，就從當下開始！

　　拿起本書閱讀的朋友們，想必是被「迷你退休——預知自己未來、立即體驗夢想」這個新概念所吸引。很多人將大部分的時間投入工作，只為了準備足夠的錢安然度過退休生活，但您會發現，傳統「賣命工作→存錢→退休」，一份工作做一輩子，然後只退休一次的模式早已無法滿足現代人的需求。夢想，不會因等待而變成現實；人生，不會因忍讓而出現奇蹟，沒有突破、沒有改變，生活就只能像現在一樣原地踏步。

　　多年前在一個機緣下，千碩慕名參加了我的課，後來又在王道增智會會員的牽線下，與我有了進一步的合作。初次見面時，我們相談甚歡，從他眼中散發出的堅定與熱情，我知道這個年輕人已經達成他的理想了。果不其然，千碩28歲時就環遊世界七大洲，35歲前就實現人生夢想，過著半退休生活。為了讓更多的年輕人能實踐自己的人生目標，千碩撰寫了《迷你退休樂活手冊》，鼓勵大家人生中最少要有3次的退休起點，在享受的過程中，找到並學會新的興趣，甚至變成人生的新事業。書中無私分享千碩的夢想實現法則與迷你退休詳細步驟，透過大量圖解、工具、計畫表、觀念，分享健康第一、家庭優先、輕鬆創造多元收入、時間自由、實現夢想等五大核心概念。與其盲目的追求成功人生，不妨學習如何創造幸福人生，相當值得您學習仿效。

　　本人於此誠心推薦本書給您，盼喜愛閱讀、對自己有所期許、想要年輕就享受退休生活的您，可以藉由此書找到提升自我的最佳答案！

全球八大名師亞洲首席　王晴天

# 生活，輕輕鬆鬆地往前走

一提到「退休」，很多人都有不同的想像，多數人對「退休」總是充滿各種不同的憧憬，尤其「提前退休」是多麼讓人嚮往的事。

在許多雜誌的專欄、專業的書籍，我們可以搜尋到許多文章，提到如何讓自己提前退休的規劃方式。這些文章從各種不同的角度談退休，而現在你手上的這一本書，幾乎是「全面啟動」，讓你從一個制高點上頭，觀看快速退休的方法。

和千碩認識多年，他永遠充滿著樂觀、開朗，而且對工作、對生命充滿熱情，這本書累積了他成功的經驗，並且把「時間、家庭、健康、金錢、夢想」這五件事很精準地提出來，供讀者們快速的掌握人生成功的重要關鍵。

生命，每個人都只有一次，也只能走一回！你可以輕輕鬆鬆地往前走，也可以忙忙碌碌地往前走，也可以疲於奔命地往前走，也可以渾渾噩噩地往前走，如何讓我們在生命中尋求一個更舒適的狀態，其實是有方法的。

這是一本探討生涯規劃的書；也是一本讓我們重新檢視生命的書；更是一本提煉你生活技巧的書。謝謝千碩累積了過去的經驗，得出了這些珍貴的哲理，讓大家可以重新看看自己，也看看別人，也許可以讓我們明白真正的生活究竟是怎麼一回事。

接下來，就讓我們一起往「迷你退休」之路邁進。

廣播人／《GAS 口語魅力培訓》創辦人　王介安

# 活在當下，豐盛地創造幸福！

　　非常開心，好友黃千碩老師要出一本有關提早退休、迷你退休的書籍，我相信透過本書即將幫助很多人。我所認識的黃千碩老師是一個頭腦聰明、熱愛學習、有決心與行動力的年輕人，更重要的是，他有一個美滿幸福的家庭。

　　許多人窮其一生為金錢奮鬥，退休只是遙遙無期的代名詞，在年輕時用經歷與健康來換取財富，在年紀大時用金錢換取健康，等生命到盡頭時才發現這輩子沒有真正好好活過。

　　因此黃老師鼓勵大家讓人生最少有 3 次退休起點，享受人生過程，找到並學習新的興趣再變成志業。他希望讀者們能夠先強化專業能力並專注在一項事業，因此才能「工作時間少，但創造更多財富」。

　　他的論點與我的人生不謀而合，當我立志為地球種 70 億棵樹後，這不但是我的事業也是我的志業，這一切彷如神助，我同時擁有幸福的家庭、親密的夫妻與子女關係，財富猶如浪潮般湧入我的生命。我堅信人類值得擁有更高的生命品質，但絕不是瘋狂地追求成功，而是活在當下，豐盛地創造幸福。

　　最後我祝福讀者，能藉由這一本好書、好觀念、好的行動來改變命運，同時祝福千碩老師更成功、更幸福，教育並造福更多的人。

三森集團董事局主席　陳三榮

# 改變觀念才能扭轉命運

人海茫茫，有多少機會能遇到同月同日生又有著相同理念和人生價值觀的好朋友呢？因為你一直在往前走，所以能遇到的就是前行的人。那麼步調一致的人，走再遠也不會走散，我跟千碩就是在這樣同一條路上相遇，也一起再前進！

欣聞千碩老師要出版《迷你退休樂活手冊》一書，感覺上就像是自己要出書一樣重要，更開心的是未來將有許多讀者可以因此受益，改變觀念才能扭轉命運。非常榮幸能有機會推薦千碩老師的書，以我個人的親身經歷來驗證這本書的內容是最適合不過的，千碩跟我對台灣教育和年輕人的發展現況一樣有著相同的憂慮。現在有了千碩老師和我一起推動迷你退休的概念，未來台灣有機會跟歐美先進國家一樣，工時不長卻有更高的收入。

我認為人生要平衡地成功，不論在事業、財富、親情、友情、健康都要全方位成功。我在 28 歲就決定要退休，35 歲開始經營教育培訓事業，大部分的夢想都已實現，因為眼界格局的成長，我又定下了更高的目標，這正是自我實現。當時並沒有迷你退休的觀念，年紀輕輕就退休讓很多人覺得不可思議，現在想起來正是千碩老師所提倡的迷你退休，它的內涵並不是真正退休不做事情，而是不讓工作占滿生活中大部分的時間，用最少的時間完成最多的事，高效率、高品質，讓自己有時間和金錢可以去實現夢想。

你有夢想嗎？有沒有感覺年紀越大，離夢想實現那一天卻越來越遠，等到有一天老矣只能感嘆過去時間虛擲了。千碩老師的「迷你退休」絕對可以縮短你實現夢想的時間！

網路創業達人　小 M 老師

# 這本書一定可以幫助你快速實現夢想

這個迷你退休的概念實在太棒了！人生的確不應該等到老了才退休，到時候真的沒什麼體魄了。

Martin 老師真的是一位天才，這個想法太有創意也很實在。閱讀過這本書，我已經迫不期待的想開始我的迷你退休概念了。

最重要的是 Martin 老師將自身的專業理論、知識與人生感悟都匯集在本書中與讀者分享。讓我欣賞 Martin 老師的是，如他的成功定義是非常平衡的，包括健康、家庭、自我成長。

我創辦成功家族／銷售明星與 LINE@ 生活圈，一共擁有 80 萬粉絲，也認識許多講師，Martin 老師是我在台灣最敬佩的老師之一。

希望讀者都能透過此書，提高對於退休生活規劃的警覺性與重視程度、指明方向。為自己規劃出美滿的退休生活計畫，我相信這本書一定可以幫助很多人快速實現夢想。

成功家族／銷售明星創辦人

亞洲借力學名師　企業家

保羅老師（洪建實）

# 提早實現夢想、重新點燃對生活的熱情！

　　2001 年在香港，開始創辦我的第一個時尚媒體《東西雜誌》，幾年後又有了 2006 年在台灣的《東西名人》、上海的公關公司和大陸版的時尚媒體《東西晨刊》。在創業的過程中，獲得無數友誼，也學習到很多的美好經驗。

　　但是，這幾年來我每年最少要出國 20 趟以上，最多更有一年飛了 60 多次的紀錄。每年也需要參加上百個頂級時尚派對或是晚宴，和林林總總的公關活動，加上每隔幾天就要接見或採訪國內外諸多名人與企業家，和報導各品牌故事與新品特色，我所接收的資訊快速又繁雜，導致有時常會忘記工作事務細節，甚至最離譜是我根本無法記住大部分我所見過的人們的名字。所以好友們都笑說我是創意天才、生活白痴和外星人的綜合體，但是我最大問題就是腦容量有限和記憶體不足！

　　於是，在我弟弟冠廷和許多朋友的推薦下，參加了千碩的腦力開發課程，和千碩的緣分由此展開。上課後，我才發現千碩令我最感動的不只是他的專業能力，而是他很愛家庭、老婆，熱愛生活，並且很懂得利用時間、規劃人生，所以年紀輕輕的他就提前享受所有退休生活該有的美好時光。他在事業、家庭和享受生活樂趣之間做了很好的平衡，只因為他懂得人生就是要努力去實踐夢想。

　　在享受人生的同時，我看到讓我最印象深刻的優點，就是他願意分享也真心地鼓勵學員要勇於挑戰自己去完成夢想，並全力做好完善計畫來實踐夢想。他在自己獲得成功和擁有美好生活的同時，完全無私分享。對我來說，一個事業成功的人，懂得分享和給予，才是真正在生命和生活上的成功者。

　　我也曾經歷過挫折而陷入低潮，被負面能量擊敗過，所以我領

悟到如果無法反敗為勝去戰勝自己，就會吸引更多負能量的人、事、物。所以，身邊有著正能量的家人和朋友圍繞，甚至接觸正能量的書和事物，都真的非常重要。因為，在接觸正面能量的契機轉念後，我們就會開始變得更積極樂觀，也會吸引正能量的人們到我們生活中，讓一切變成正面循環的模式。

看到千碩這本極為正能量的新書即將發表，加上他為了貫徹這本書的理念，而將舉辦一系列助人提早完成「迷你退休」的圓夢計畫，都讓我感受到滿滿的愛。這本書的誕生，讓我除了為他開心之外，也為未來將會和這本書開始正面緣分的讀者們感到興奮。因為我相信千碩《迷你退休樂活手冊》這本書可以幫助您有系統的去做好自己的人生規劃，提早實現人生夢想、重新點燃對生活的熱情！

祝您提早迷你退休，去享受生活的夢想計畫，早日實現！

東西全球文創集團執行長／東西名人雜誌創辦人　Kevin

在國內外時尚產業耕耘 30 年的時尚家 Kevin 李冠毅，在 2006 年於上海「中國風尚大典」，獲頒時尚終身成就獎的榮譽，更被中國媒體譽為最接近國際頂級時尚的華人。

# 透過本書找到完美均衡的生活配方

從小在一個喜愛旅遊的家庭長大，面對外來的人、事、物，都充滿著探索與發現的熱情，也自然地隨著年紀的增長，漸漸地比一般人培養了更敏銳的觀察力。而不論是在法國國立巴黎第七大學攻讀觀光管理博士亦或是後來在美國哈佛大學醫學院進修，這些跨文化與跨領域的學習，都讓人生增添豐富與精采。而在異國工作與生活，面對多元文化的洗禮，也能夠提供自我成長的養分，而對人生有不同的體驗。因為一直以來在觀光與餐旅領域的產、官、學界服務，對於高品質與精緻服務的追求與渴望，一直是驅使自己不斷學習的最大動力。追求有品質的人生，似乎成為一種認真生活的態度。

千碩兄是一個擁有豐富精采的旅遊經驗，善於自我生涯規劃與追求生活品質的生活實踐家，在專業講師的領域中，他樂於分享與協助別人，他的專業能力、認真的教學態度及有效率的方法，都是值得我們反思與學習。中華國際頂級 VIP 管家協會（International Chinese Top VIP Butler Association, ICTVBA）對於高品質與精緻服務的追求與推廣理念，希望透過培訓而提升台灣整體服務的品質與內涵，亦與千碩兄在教學上的精益求精態度，有著異曲同工之妙。在此要特別感謝千碩兄的不藏私，祝福讀者朋友們能透過此著作的問世，讓自己在家庭、工作與人生中，找到完美均衡的生活配方。

*林棋凡教授*

林棋凡博士，筆名舒服，長年旅居法國，精通多國語言，擅長跨文化領域探討。曾在頂級國際五星級旅館集團內負責歐洲管家培訓，已獲頒國際金鑰匙榮譽。為 i share family 公益平台創辦人。財團法人中法文化教育基金會副執行長，中國國際頂級 VIP 管家協會發起人與《巴黎視野》編輯。

# 把時間用在哪，你就會成為什麼樣的人

能夠利用別人的經驗與智慧幫助自己的人，才是真正有大智慧的人，感謝千碩老師以愛為出發點，將十多年所學經驗、智慧、生活點滴，透過本書《迷你退休樂活手冊》傳承給需要了解如何用腦工作、  想環遊世界的人，並提供猶如經典般的實用指導。千碩老師年紀輕輕，事業有成，個人深感敬佩。

老一輩的人辛苦了一輩子，就是希望年輕一代不要吃苦，藉由推薦本書的機會，我衷心希望千碩老師能繼續幫助許多因努力工作卻賺不到錢，或因努力工作賺很多錢卻失去健康的人，能夠透過學習腦力開發讓頭腦更聰明，一段時間後，能靠腦工作，創意更多，表達更有魅力，在職場與事業能更有效率，提早達成退休目標。

每本書都有不同的收穫，也能應證自己的人生體悟，我認為千碩老師早就超越了許多作家的涵養，很少作家能把自己的意思表達的這麼清楚，他不斷閱讀、學習新知，才能成就目前的功力。千碩老師有十多年的實務經驗，以不藏私的態度，傳授追求成功人生，不妨學習如何創造幸福人生，本書《迷你退休樂活手冊》不打高空、不耍花槍，希望能幫助更多人，以教會你如何使用「時間」的能力，把時間用在哪，你就會成為什麼樣的人，過什麼樣的生活，這本書讓你不僅看得懂，更能即學即用，算是十分有誠意的一本書。

親愛的朋友，無論你現在讀的書有多少，培養一個讀書習慣是必要的，學習將興趣結合商業模式，讓工作更有效率（創造自由時間），才是成長的開始，當我們的能量越強，工作時間即可越少，就能創造更多財富，並達成環遊世界的夢想。感謝黃老師讓我為他的新書寫序，這是我的榮幸。

涵湘芷實業有限公司董事長　董玉鳳

# 打開你的想像力，才能走得既快又遠

在一個偶然但卻必然的機會下認識了千碩，那是一個旅外台商歸國拜會的活動，沒有經過任何人的刻意介紹，千碩和我的磁場強烈的互相吸引著，交談幾句後就結束第一次的碰面，然而千碩馬上在三天後到台北來拜訪我並做深談，讓我見識到這位小兄弟的行動力與企圖心，也結下今日為他的書寫推薦序並有了今後事業合作規劃的緣份。

我在 1984 年單槍匹馬赴日本求學，當時還未滿 20 歲，身上僅帶著 2000 美金且完全不會日語，歷經多年奮鬥以及貴人相助，今日才得以在事業上有小小的成果，並且能夠享受完全把興趣當工作、工作當興趣的理想生活。我的人生經歷和工作經驗當然就這麼一篇的序文肯定無法詳盡敘述，千碩希望我能夠談一談台灣人與日本人看待事業、看待夢想的態度與做法，以及可以互相借鏡學習的地方。當然，除了我自己身處異國 30 餘年的經驗，我也看了很多前輩值得學習的地方，千碩透過與我訪談的方式，將其記錄在本書中，希望能對大家有所幫助。

一直以來，我樂於創造精采的生活，享受上天安排的美妙和豐盛的機緣，因此不停地增加工作的分野（日語，範圍的意思）。注意！絕對不是不停的換工作喔，最近流行的斜槓青年、斜槓人生，我早在 30 幾年前就開始斜槓了，整理一下我的現況和工作歷程：公司經營／物產店老闆／華文教師／不動產租賃／企管顧問／企業媒合／企業講師／工商團體理事／翻譯／即時口譯／賣內衣／賣食品／賣茶葉／賣小籠包／賣珍珠奶茶／賣鳳梨酥／賣滷肉飯／賣經驗／賣知識……產品族繁不及備載，才發現原來自己做的這麼雜，之前從沒想過「斜槓」這個標籤會貼在自己身上。「斜槓」代表的是一種全新的人生價值觀，它的核心不在於多重收入，也不在於多重職業，而在於多元人生。因為工作和職稱關係，有許多人會認為

我是個事業型的女強人、叱吒職場的菁英，其實和我相處過的人都知道我並沒有大家所想像的野心，反而更喜歡這種不慌不忙、有足夠支配的自由時間，去享受生命和發展自我的生活。

人生苦短，我們有權利不滿足於「單一職業」的生活方式，可以藉由多重收入、多重職業來體驗更豐富的生活。所謂的斜槓不等於兼職，也不是換工作，更非把時間平均撥給每項工作，可以找到自己喜歡或專業領域的交集處，突顯或發現自己優於其他人的價值，「每一條斜槓並不是分散，而是為了要更加聚焦。」我所看到的千碩就是如此認真在劃斜槓，同時誠懇地幫助有夢想、有理想的青年，一個人走得快、一群人走得遠，我鼓勵大家盡可能的打開你的想像力，一定可以找到方法走得既快又遠。

日本 VIN 有限會社代表取締役社長／
亞洲台灣商會理事
永田悅敏社長

# 不要怕創業失敗！

任職逢甲大學創新創業中心 2 年以來，最主要的工作就是輔導學生能夠實際創業及參加國內外各種創業比賽。我始終認為創業必須被訓練，如果沒有訓練，學生畢業後自行創業失敗的機率勢必提高非常多，因此，與其預期畢業後創業失敗的可能性提高，不如讓學生在校期間學習創業知識，降低未來畢業後創業失敗的機率。

目前在創新創業中心被輔導的團隊約有四十隊，成功創業、成功成立的公司約有八個團隊，其中包括 IOT 自動販賣機、送餐系統、健康醫療、社會企業及農企業等公司。每年從國內、日本、大陸、韓國、泰國、澳洲、馬來西亞等地來創新創業中心參訪的人數，也超過百餘人，透過參訪的互相交流，學習各國對學生輔導創業的經驗，增進彼此創業成功的機會。

本人年輕的時候也創業過，創業沒有師傅，一切都由自己在黑暗中摸索、從失敗中學習經驗，這些失敗都是必須付出非常多的金錢與時間的代價。創業過程中的失敗可以歸納出三個因素：一為資金，二為行銷，三為技術。其中以資金為創業失敗最大的因素，如何募得創業資金？募得的創業資金如何做有效的運用與管理？幸好目前的社會有非常多的募資管道或平台可以利用，更幸運的是學生在學校可以獲得財務管理的專業知識，大幅降低未來出社會創業失敗的機率。

台灣近幾十年來都處於薪資停滯的狀態，台灣的年輕人充滿活力，也有很好的國際觀及創新能力，因此我常鼓勵學生與其領 22K 的薪水，為什麼不在畢業前就在學校接受創業的專業訓練，畢業後發揮你們的潛力，創出你們要的事業，不要再被台灣低薪的環境所束縛！年輕人出來創業，才能創造台灣經濟的另一個奇蹟，創業不怕失敗，怕的是自己沒有創業的驅動力。

千碩是我認識約一年多的一位年輕新朋友，我們是在逢甲大學的創新創業中心結識，記得當天是各國華僑來創新創業中心參訪，來的國家有日本、美國、加拿大、東南亞等國家的華僑。這些華僑在國外都在經營各種不同的事業，當天千碩受邀一起參加，我看到千碩馬不停蹄的與各國華僑請益，也來詢問我很多生意上的問題，直覺上就對千碩這位年輕人產生好感。經過約一年陸陸續續的聯絡，更讓我深入了解千碩創業的過程及目前事業經營的狀況。

　　本人也希望年輕朋友能夠透過千碩這本新書，充分了解創業的各種困難與艱辛，從這本書去深入了解如何從摸索中找到成功創業的秘訣。


逢甲大學

楊坤鋒 教授

# Beginning

　　我在 20 歲那一年，死了。在夢裡。但我很難判斷是否是在夢裡，因為太真實了，我的五感（視聽嗅味觸）都真實的感受到過程，包括死的當下、靈魂離開軀體、可以有意識的快速移動飛翔。

　　和親友互動的笑聲、和陌生人詢問，陰暗的天空、微細的迷霧，走在溼漉的地面，商店的招牌閃爍著燈光，手觸摸到門把的冰涼感，推開門的重量，讓我不敢相信這是在夢裡。

　　先到了地獄、再上了天堂，強烈到讓人睜不開眼的溫暖光芒，把我整個人快速往上抽離，彷彿要直達天空的盡頭。事實上，我知道銀河與宇宙是沒有上方盡頭的，我猜想我若不停下來，我會死在沒有時間的真空裡，我大聲吶喊祈求上帝讓我再活一次，因為我再一秒後就完全沒有呼吸了。等我再次睜開眼睛時，半夜，我躺在床上，我重生了，感謝上帝，未來的每一天我要更盡情地活，實現每個夢想，而且，絕對不拖延到老才去做。

　　於是，21 歲時我開始思索，我每一年以及人生每一階段有哪些夢想想實現？我再想，若數十年後老了，我最想實現哪些退休夢想？等我想完後發現，幾乎所有夢想都要用到錢。而要有錢，就必須工作，因為我和多數人一樣，沒有（富）父母親可以金援。18 歲開始我就離家獨立，所有生活費都要靠自己，沒有任何親友長輩與人脈可以幫忙介紹工作，凡事都要靠自己。當時我就認知到，人活著就是要工作，端看這個工作是領老闆薪水，還是自己就是老闆，或靠各項投資收入。

　　我又再想，工作是為了有事可以做，才不會無聊，還是為了生活費？為了滿足成就感？工作是為了賺到更多錢，才有能力去實現自己的夢想？那會不會為了工作與賺錢，忙到沒空去實現夢想？工作占據人生 25 ～ 50％的時間生命，有些人的工作時間則占據了

75％的生命，有些人則一年98％的時間都在工作，人生除了工作之外，還有家庭生活、休閒娛樂、進修學習、睡眠、吃飯、洗澡，一切端看你如何將一天、一週、一個月、一年、一生的每段「時間」做何種比重的分配。喔，還有一小時、一分鐘跟一秒鐘，因為我已經練習到「活在當下」，一秒鐘有60次的瞬間，一個瞬間有60個當下。

所以，當我想要做某件事情時，可以進入無我、神流狀態，便可以把一秒鐘當成120格，周遭環境會靜止或變慢，耳朵聽不到四周聲音，可以觀察出、聽到對方心裡在想什麼，也就是完全的專注。因為我很重視自己的生命，喜歡把時間用來做有意義的事情，完全不浪費，這是指清醒狀態；若在睡夢裡，則更方便，方便的是在夢裡可以把120格的每一格最多再拉長為1秒鐘！是的，清醒時的一秒，在夢裡變成2分鐘使用，睡覺時在人間的夜晚8小時，等於在夢裡度過了40天。

1秒＝2分鐘，1分鐘＝60秒＝120分鐘＝2小時

1小時＝60分鐘＝120小時＝5天，8小時＝40天

這樣，在夢裡就有更多時間可以思考，重複練習某些技能，方便我白天醒來時可以更得心應手。這種能力是我在2008年，當時27歲時發現的。2008年2月，我獨自一人從台灣去南極，全船111位旅客興奮地踏上這人間淨土時，大家玩得不亦樂乎，我頂著零下20度，吹著時速100公里的冰風，獨自拿著相機尋找拍攝亮點，繞過一個小冰山，直到看不見團員們，便靜靜的拍攝清透潔淨的南極冰洋，安靜到彷彿地球只剩我一人。於是我躺在地上，閉眼冥想，當時，很想要有點心得，對自己說些話，畢竟是人生中第一次實現退休夢想：環遊世界七大洲。但，大腦完全是空白的，竟然無法產生想法，無法對話，只感受到輕輕的愉悅。

當我意識到不能脫團太久，以免被遺留在世界的盡頭，想說應

該立即起身，但當我一張開眼，天啊！我怎麼會到了另一個世界！一個完全獨立的第三空間，一望無際的全空白。全－空－白－，跟南極一望無際的白不一樣，南極的白是有層次的，有白色加藍色的冰山、高低起伏的冰河、灰色的岩石、企鵝、藍天、白雲……，但為何我睜開眼看到的世界是全空白的，一直走路就是完全看不到任何物體，也沒有天空。更糟的是竟然沒有南極冷冽的冰風吹向我 !? 這到底是夢？還是我又死啦 !?

　　就這樣，我莫名其妙的在這個空白空間裡度過，最少超過 1 小時，只能一直奔跑或坐著發呆，最後又躺著睡一覺，因為在南極旅行蠻耗體力的。等我再次張開眼時，我又回到南極的地上了，但身旁居然有一群企鵝圍看著我，一看手錶竟只過了 10 分鐘。我的時間在夢裡居然可以延長 5 倍以上 !? 簡直就是親臨七龍珠的精神時光屋！其他在南極發生的趣事，演講時再親自跟大家碰面分享好了。

　　重點是，我從那次經驗以後，又再次覺得生命真的很可貴，回到台灣後可以經常在睡覺時進入到第三空間，一個晚上 8 小時可以當 24 小時用、當 48 小時用，明顯感受到時間很重要、很好用。人生所有事情都是要用時間去一一完成的，時間比金錢、比健康、比家人、比夢想還要重要，因為這四樣就是我們用時間去創造、去累積、去感受才能換到的。

　　以上，跟大家分享我的經歷，就是要強調本書《迷你退休樂活手冊》的重點：時間。分配得宜、使用得當，人生就會很充實。把時間用在某件事，就會讓其他幾件事的時間比重給降低。所以，把時間用來做什麼，就會得到比較多這個行為所帶來的感受與回報。把時間多用在睡眠、運動、慢食，就會得到更多健康；把時間多用在家庭，就會得到親情幸福；把時間用在事業，成功致富的機會就更高；把時間用在休閒娛樂，可以讓心情愉悅；把時間用在進修學習，就能知識淵博；把時間用在旅行，則會視野寬闊。把時間用在

哪裡的能力，是人一生最需要學習的，也是本書要教大家的核心。

　　人活著，為了生存、要照顧家庭、要實現夢想，就要有錢，所以需要去工作、去創業、做正確投資理財，錢越多，越早實現越多夢想，或是說，錢越大，實現的夢想就可以越大。但實現夢想也需要用到時間（例如帶家人出國旅行），因此多數人才會想說：時間都用來工作了，所以，還是等以後退休有多一點空閒，再去實現夢想好了。真的是這樣嗎？多數人就是因為只有這種單向思考，所以等到老了、退休了，往往沒有健康體力去圓夢，也不見得到時就有足夠預算。因此，千碩這本著作要給大家全新的思維，以及具體的執行計畫，相信一定能幫助大家年輕時，或中年時，或年老前，就能有錢、有閒、有健康，陪家人實現各階段夢想。

# Chapter 1

# 幸福人生 vs. 成功人生

與其辛苦追求成功，
不妨創造幸福生活！

你想選擇什麼樣的人生？

# 成功人生 vs. 幸福人生

生命的重點在於過得精不精采，時間是否有掌握在自己的手裡。生活忙碌與盲目的人會說時間過得好快；生活精采充滿愛的人，也會說時間過得真快。我每天睡醒問自己：我要過哪一種人生呢？許多人一生致力「追求成功的人生」，也許在事業及財富上都成功了，但家庭、健康、生活、自由及夢想卻不及格。讓我們來學習創造幸福人生吧！

---

首先，請先寫下你人生最想完成的三大夢想：

1. _____ 。

2. _____ 。

3. _____ 。

再寫未來 3 年內一定要完成的三大目標：

1. _____ 。

2. _____ 。

3. _____ 。

接著，每天睡醒請先照鏡子問自己，今天要碰面的人、談的話、做的事，和自己三大夢想與三大目標有直接關係嗎？如果有直接關係，那今天一定會過得很充實，因為你對得起自己的人生；如果沒有直接關係，請立即改變行程、改變要碰面的

人、改變話題、改變做事的主題與內容，如果你不改，今天就算白活了，因為窮忙，就算有錢也不快樂。

一個真正富裕的人，不只擁有成功、金錢，而是每天活得很快樂、很自由、很健康、很幸福！而心靈富足、幸福快樂的關鍵是：你今天即將和誰碰面？你有讓那些人快樂嗎？那些人會讓你快樂嗎？快樂，自然會有賺不完的錢；不快樂，就算有錢，也花得很不舒服。所以，只要和家庭、健康、事業、夢想無關的人事物，都應該要全部斷捨離！把所有時間「只用來」陪伴在乎你，以及你在乎的愛人、家人、知己與事業夥伴，和他們一起達成彼此的幸福目標以及事業計畫。

對的時間，遇見對的人，是一生幸福。
對的時間，遇見錯的人，是一場心傷。
錯的時間，遇見錯的人，是一段荒唐。
錯的時間，遇見對的人，是一生嘆息。
以上所說的這個「人」，相信你都遇到過，可能是你前任情人、伴侶，或是你現任情人、伴侶。而「那個人」也可以轉換成你的工作、你的夢想，你在對的時間遇見對的公司、對的工作、對的老闆，也是一種幸福，認同吧！

人生什麼狀況下最不幸福？答案不是貧窮、不是沒有錢，而是身邊沒有一個自己愛的人，和一個愛你的人，因為愛的真諦就

是：一起分享快樂、一同分擔痛苦。若沒有一個愛人可以和你分享快樂、分擔痛苦，再有錢都快樂不起來。當然，如果又沒錢那就會更痛苦，因為心中的空虛無法被填滿，還要處理生活中的壓力。此時，不幸福的第二個原因就會出現：沒有自由。

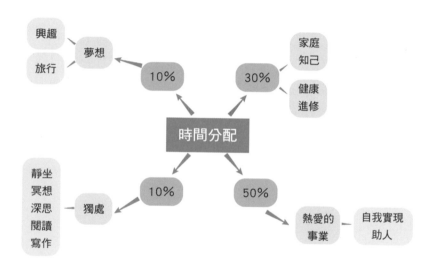

25 歲～50 歲是人生精華期，若沒有從事一份可以讓你熱情洋溢、發揮才華的工作或事業，就會覺得活著很沒意義，在工作過程中沒有成就感，因為沒有存在感而感到空虛；或是事業成功很有錢、工作很有成就感，身邊卻沒有愛人可以共享成功時的喜悅。所以我們會發現，有一些人明明很有錢可以退休了，但為何還要工作？因為愛情、親情可以滿足情感需求，金錢可以滿足物質需求，但自己「熱愛」的工作卻能證明自己的價值，有個專長可以持續對人們付出，這種成就感需求是不會想

要停止的，因為關鍵就是「熱情」！熱情會讓人對一切的人事物都正面看待，於是在「過程中」就已經獲得幸福，不一定要抵達終點拿到勝利那一刻才會幸福。這就是「迷你退休」的重要概念！

## 成為行業的佼佼者，塑造自己的價值

人的一生，究竟是金錢重要、時間自由重要、身體健康重要、家庭和樂重要、還是自己的夢想重要？其實這五個都很重要，且彼此牽動著，若能平衡擁有，就是幸福人生！若只注重金錢，就算人生成功了，卻失去其他四個，那就是失敗的成功人生；但若沒錢，其他四個也不易獲得或難以長期持有。本書就要教你如何更有效率且同時擁有以上五點，首先，具備高度競爭力、成為佼佼者，創造自我價值，讓需要你的人配合你的行程。接著，把健康、家庭優先安排在行程的第一順位，剩下的時間再分配給工作。例如華人史上最夯的歌手周杰倫若要舉辦演唱會，請問他會先對一億個粉絲公開做調查，問大家哪一天最有空可以參加他的演唱會嗎？不論哪一位粉絲訂哪一天，都會有另一群粉絲說沒空，於是又訂了第三個選擇日期，此時又會有另一群人說：他們沒空，是吧！因為大家心裡都會覺得，為何我要配合你的時間，所以永遠喬不攏。最後直接由周杰倫訂下日期，為何所有粉絲和工作人員就突然都有空了？當參與者知道演唱會日期後，便會把其他行程給挪開，為什麼？這是

因為周杰倫只有一個，而他提供你要的價值，於是你的時間用途被改變了。

超級完美的新款手機發表或開賣的第一天，限量蛋糕出爐的那一刻，高鐵開走前的一分鐘……，為何總是客戶在配合廠商供應的時間，而不是由客戶指定客戶有空的時間？身價百億的企業家當他兒子（或孫子）重感冒治不好且越來越嚴重時，好不容易接洽到最權威的小兒科醫師，企業家會留在公司主持會議，還是專程帶孩子去診所看病呢？請問是誰要配合誰的時間與地點？只要是你自己需要對方的某一個價值時，你的時間用途就會被改變。所以我們要學會：不要努力工作，千萬不要努力工作！而是要努力求學問，提升專業技能，讓自己成為一個有價值的人，成為行業最頂尖的佼佼者，讓多數人需要你的價值，且讓自己成為一個好相處、樂於助人的人，他人就會盡量配合你的行程，配合你提供價值的日期或時間。

多年來千碩親眼見過超過一萬個實際案例，深知沒錢的人幾乎不幸福，因為時間、行動總被他人安排，要時常妥協自己的行程，犧牲原訂的計畫，沒錢的原因不外乎是收入低或亂花錢不知節制，而收入低的根本原因就是此人沒有獨特的專長技能、沒價值。全世界的成功富豪、有錢人、億萬富翁（富二代、中樂透不算），他們肯定都有獨特的專長技能，靠自己（以及自

己培養出來的團隊）對社會、對國家、對世界、對人類有價值，價值越大，收入越高！所以，想要讓自己很有錢可以迷你退休、提早退休、年輕退休，關鍵有三個：

1. 持續學習、閱讀、進修，培養 1～3 個超級專業、獨特、頂尖的技能（並依照時代需求升級技能）。

2. 愛自己、愛家人、愛地球。

3. 因為有愛，所以會樂於助人，並且用自己獨特的專業實質去幫助人，用愛去關懷他人。

能力越大×愛的力量越大＝助人越多，自然會創造越多財富。

千碩我再次強調：人活著，根本不需要努力工作，就可以成功又有錢了，只要你願意「積極不懶惰的」去執行上述三點。

在這些實際案例中還發現有另一種人，他們很有錢，在事業上很拼命，收入、身分、地位雖然高，但由於沒有足夠的人生「智慧」、沒有重視家庭與健康觀念，一心只想做更多事、賺更多錢，於是人生多數時間都在工作，沒有足夠時間充分休息、休閒、運動、睡眠以及留給家庭，甚至每天只用幾分鐘時間就把不健康的三餐給嗑完，最後被忙碌的工作壓垮，雖然銀行有著不錯的存款，也被許多人和媒體歌頌他的豐功偉業，但在醫院臨終前才後悔地說：這輩子如果可以重來的話，我不想當有錢人，不要有這麼多事業，想要有多一點的時間來體驗人生。親愛的爸媽啊，對不起，我真不孝，都在工作，沒有陪您

們，我要比你們先走了；或是親愛的孩子啊，爸爸我真糟糕，雖然給你們最好的生活，但事業忙碌，都錯過你們的童年……

說真的，千碩我超級看不起有錢人，應該說，我很厭惡上述這種「忙碌」的有錢人，沒有腦也沒有責任感，被一群也想和他一樣成功的人追捧，還被新聞報導說事業很成功是個好榜樣，偏偏雜誌只會介紹這種企業家「事業」成功的過程，所以多數窮人就被洗腦，盲目地追捧有錢人，只想過有錢人生活，只會模仿有錢人「工作」的態度。這是嚴重錯誤的！這會導致華人社會的「功利主義」越來越高，然後生病的人越來越多！千碩我唯一只欣賞「有閒」的有錢人，也就是懂得在創業過程中適當的授權、分工、急流勇退，以及很有智慧地將「閒」用在健康養生、運動睡眠、旅行、社會公益、陪家人，這才是值得學習的榜樣。

## 人生最重要要學習的能力

事實上，想要事業成功，用心投入是對的，而事業成功帶來高收入又是為了什麼？為了自己的成就感、為了助人、為了給家人安全保障、為了過好的生活品質、為了可以提早退休有錢去環遊世界，是吧！所以應該重視自己的健康大於一切才是，絕對不要為了事業、為了賺錢而失去健康，這是很沒有責任感，也很沒有智慧的。所以，人生最重要要學習的能力就是：

1. 工作效率學，用更少的時間來完成任務、達成目標，讓自己更自由。
2. 快速學習新技能的能力並且創業，然後適時授權，讓自己賺到極為夠用的錢。
3. 健康養身的習慣、觀念、知識，並且客觀平衡的使用，保持中庸之道。
4. EQ、人際關係學，讓自己看開一點，多笑，只和你喜歡的人往來即可。

這就是千碩寫書的原因，希望透過文字來鼓勵讀者：人活著就是要快樂，生活時很快樂、學習時很快樂、工作時很快樂、賺錢時很快樂、花錢時也要很快樂、睡覺時很快樂、吃飯時很快樂。人活著就是要讓自己工作時很有成就感與獲得尊嚴，讓自己成為一個有價值的人，專長能對社會、對人類有貢獻，並且以健康為優先考量，再去處理工作，工作的時間要能與生活平衡，最好是工作時間少於生活時間，而收入越來越多才對，多數時間用在運動、旅行、深睡眠、進修、慢食、家庭、助人、信仰、體驗興趣。

相信多數人都想要上述這種人生，但要怎麼做到呢？以下提供更詳細的 SOP：
1. 讓自己很聰明很聰明，工作、生活事務都能很有效率地處

理（事半功倍），因為聰明，所以能夠快速學會任何新的技能，接著「務必專注」將興趣學到極為專業，挑有興趣或讓你產生高度熱情的工作，並且在最短時間內表現最好，成為公司的第一名。

2. 保持赤子之心，讓自己心存善念、善心、有愛心，成為一個存好心、說好話、做好事的人，用聰明的頭腦觀察周遭的人、居住的城市、社會、國家、地球，有哪一群人有共同的痛點，再用聰明的頭腦想出很多創意點子（也就是解決方案），發展成具體的產品、服務、技術。

3. 創業，最好找比你成功、比你聰明的人一起開公司，把上述助人、賺錢的點子快速擬出「詳細流程」，每件事情、工作內容、執行細節步驟都完整寫出來。

4. 正確分配對的步驟給能力比你好的人，並感謝他們的付出，給予酬勞、紅利、股份、獎勵、名譽，也就是說自己主要的工作是「分配」。

5. 持續精進自己的專業，成為行業裡最 TOP 的指標性代表人物，盡可能找比你更強的人合作，善用創意、資源整合、科技，讓客戶只想優先找你，或是市占率為同行第一名。

6. 這個月先將下個月、下半年的行程，優先安排給「家庭、運動、閱讀、進修、旅行」，剩下的日期再來安排工作。因為別人需要你的價值，而你也真的有價值，因此多數情況是別人會盡量配合你指定的工作時間（而自己則是要更

謙虛）。

7. 只要「完整」用上述的方式與流程，你會明顯發現一整個月、一整年的工作時間將會變得比以前更少，收入又會變多，這時別忘了工作務必要很認真、很投入，把品質發揮到最大。

8. 設定目標為年收入一千萬元到一億元之間，或是每個月的月收入要大於月支出 3～10 倍以上。

9. 賺錢的過程中不要亂花錢買昂貴的奢侈品、房地產（除非購買的房地產確實在低點，未來又有合理條件會漲價，且買房後不會影響財務）等會跌價的東西，而是買高品質又對健康、形象、家庭、專業、事業產生增值的資產、物品、服務。

10. 當存款金額確實大於平均月支出 36 個月以上（迷你退休金）＋緊急預備金（6 個月的月支出）＋今年旅遊金（10萬～50 萬元）＋已先存好可繳得出未來 3 年的保險費金額後，再來思考買房子的事。

只要按照上述建議來執行，讓自己成為一個「有價值的人」，謙虛多讀書，成為領域佼佼者，保持好奇心，了解未來趨勢，善心善念樂於助人，愛微笑好相處，創業後把工作流程「細節步驟化」，把事情授權給有能力的人做並充分感恩對方，讓自己工作時間少一點，把賺到的錢存下來不亂花，過高品質生活

但不奢侈浪費，追求夢想但不過度消費，創業成功後再把賺到的大錢拿一部分做穩定投資，讓自己有合理的被動收入，把多數自由時間拿來創造新的事物、體驗新的人生，用更少時間工作獲取更多收入！

**學員見證**

千碩老師腦力開發幫助我生活有方向，有效訂定計畫，生命更有熱情！

劉秀蘭、吳孟倉、王崇珍

## 幸福人生最重要的是「自由時間」

有些人明明很有錢，存款足以連續 10 年（120 個月）不用再工作都還很夠用，但還是很喜歡繼續大量工作、服務客戶，想要每個月繼續有高收入，這種只愛工作的有錢人，你喜歡嗎？你希望有這種有錢但沒空陪你的父母親嗎？你想要成為這種人對待你的小孩嗎？不快樂的有錢人、身心靈不健康的老闆，這種失敗的成功者，台灣與華人的比例高於歐美，多數人會不幸福、多數家庭會不快樂，主要原因就是：工作！工作！工作！工作只能帶來成就感，不會有幸福感，但若只做會讓你快樂幸福的行為，而在該行為當中可以創造收入，等於在享受幸福的過程也賺到錢，有錢又不用工作，這就是退休的感覺與樂趣。

只擁有大量金錢絕對無法幸福，也無法讓家人幸福，人在工作

職場上多威風得意也不會長期幸福，幸福與快樂必須同時具備
五大元素：

1. 每年工作時間很少，工作時又很快樂，也擁有大量的非工
   作自由時間。
2. 每個月或每年都有極為充裕的收入，有足夠的存款不用為
   支出煩惱，以及每個月的被動收入大於每個月生活費。
3. 健康的身、心、靈，樂觀、正面、快樂。
4. 經常陪伴家人、知己、好友。
5. 一起從事喜歡的興趣、一起實踐夢想，偶爾也能自己快樂
   的獨處。尤其安排出國旅行，可以說是人類所有行為模式
   當中，幸福感最高的前三名。

某歌手、某運動員、某企業家、某超級名講師、某頂尖廚師
……，不論他們如何聲稱有多熱愛自己的工作，都不會因為
「每天」工作（或長期工作）而有完整的幸福感，只能有成就
感，而且還會麻痺，為什麼？因為時間都用在工作時，只有與
工作相關的人才會和你共處，若每天都做自認為很熱愛的工作
時，因為專心地投入，下班收工時往往已經累癱，回家只剩洗
澡和睡覺，家人想和你聊天談心卻沒體力，因為整天都在唱歌
給粉絲聽；愛人想和你甜蜜約會卻沒空，因為要練球參加比
賽；節慶到了家人想和你度假紀念，卻要陪客戶開會談生意；
孩子希望你每天陪她寫作業，你這位超級講師卻要去講課教別

人的小孩；一整年難得遇到一次連續的農曆過年假期，全家人想要安排一起出國旅行，你這位大廚卻被老闆強制要求待在餐廳煮料理給客人吃！千碩我完全不相信世界上有哪一份工作可以每天做、假日做、節慶也做，然後當事人與家人會感到幸福的（就算收入很高）。因為當工作的時間占據過多的私人自由時，家人與知己根本受不了，因此只能用錢去滿足他們的物質，這是無法在家人的生命裡、回憶裡留下珍貴價值的。

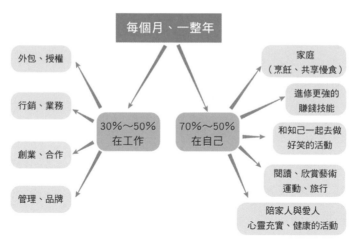

幸福是一種綜合指數、整體感受，幸福來自於：領悟到生命的真諦、家人EQ好且好相處、有愛的陪伴、時間自由、行動自由、健康、享受興趣、靜心放空放鬆、旅行發現新事物、學習新興趣、放心吃美食、運動、財富自由、用能力去助人……。所以，你要如何做到工作時間少，收入又很多，家庭幸福，維持身體健康，又越來越年輕，常常出國旅行，年輕退休，答案

就是：認真讀完本書，並且確實執行千碩我在書中的各種建議方案，若還能再學習「腦力開發」的話，效果更快更好喔！加油！繼續看下去！我會教你更多執行方案！

**學員見證**

千碩老師鼓勵我養成終身學習、快樂學習的好習慣！

王綺玟、陳學慧、楊卉庭

**專家分享**

逢甲大學創業創新主任　**楊坤鋒教授**

　　全台灣少數有辦法輔導最多大學生成功創業的楊坤鋒教授，頭腦超級聰明反應快，本身也是成功的旅日創業家，一年邀請、接待數百位全球各地華僑企業家以及各國專業人士來逢甲大學異業交流，算是全台灣教授當中對學校和學生貢獻值 KPI 最高的其中一位。

　　楊坤鋒主任有一次和「弘道老人基金會」合作研究老人圓夢計劃，採訪 175 位 65 歲以上的長輩後，給他最大的啟發與衝擊：幾乎每位老人家年輕時都有夢想，但若沒有在年輕時及時實現，年老後要再跟親友說出自己的夢想實在是難以啟口，或是沒有體力可以執行了。多數人要實現的夢想往往要具備：時間、健康、體力、金錢、同伴這五大要素，而要有足夠金錢（收入、存款、退休金）最好的方式就是創業，所以學習創業的心態、技能、知識非常重要，楊主任常鼓勵學生最好是在讀大學時就可以先嘗試創業，才有機會和社會、企業連結並培養經驗與人脈。

首先，成功創業開公司，要經歷三階段：

POC：證明自己的創業想法是有內容、有創意。

POD：能夠設計成產品。

POB：能夠商業化，先小量生產，在市場上做測試。

新創業主最常遇到的就是資金問題，籌措資金通常先找家人、親友、銀行借貸，若要找人投資共創事業，自己最好先撰寫投資企劃書，具體描述、數據說明哪一類客戶他們的痛點，自己有何技術與創意可以解決客戶問題，再乘以預估人數與消費額，提出合理的未來商機。多數大學生人脈不多也不高，可以先嘗試向 EMBA 的企業界學長姐提案。另外市場接軌的管道就是學校會邀請社群、行銷專家，來分享、指導新創業主，因此自己必須願意用心投入規劃，市調出哪一個市場是你最有能力、最有興趣投入的。

楊主任最大的成就感莫過於輔導學生在畢業前就成立公司，然而創業後面對的最大挑戰，就是執行力及面對市場波動的快速應變力，所以楊主任建議每個創業族應該也要上「失敗學」的課程，模擬各種危機與探討解決方案，讓自己的事業能夠面對各項挑戰。

**註**：「弘道老人基金會」已成功舉辦不老騎士、不老婚紗、不老比基尼、不老啦啦隊等活動。

# 金錢、幸福和退休的連動關係

接著我們再來探討一件事，難道幸福人生只注重在時間的分配嗎？金錢不重要嗎？錢不能買到幸福或換到幸福嗎？有錢的人就不會幸福嗎？如果一個人的收入不足以養活自己，連個人物質都無法滿足，也難以滿足精神，怎麼會幸福！如果一個人的

收入只能養活自己，無法滿足家人的物質，看著家人捱餓，又怎麼會幸福！因為人生還有許多大支出：買房買車、結婚、小孩子的教育經費、年邁長輩的醫療費、殯葬費、不小心發生意外的支出、保險費、環遊世界的旅費以及自己的退休金等，所以金錢一定可以讓家庭與人生更幸福！特別是金錢動用的額度越大、越有彈性時，會更幸福，因為此時的幸福來源叫做：自由、自信、自尊。原則是每個月的收入付完該月高品質的物質生活支出後，還有三倍以上的餘額：

第一份先存起來當退休金：＿＿＿＿＿＿＿＿＿＿＿＿＿＿。

第二份投資在能產生被動收入的項目：＿＿＿＿＿＿＿＿。

以及再投資自己的職場競爭力或事業：＿＿＿＿＿＿＿。

最後第三份則是存起來準備出國旅行（或家裡未來必須添購的物品）：＿＿＿＿＿＿＿＿＿＿＿＿＿＿＿。

更詳細的賺錢方法與用錢智慧，後面幾章會再說明，放心，有我在，你一定可以提早實現退休生活的！

居住在現代都市裡，沒有足夠收入與存款的人，幾乎很難幸福！因為收入不夠，多數人會選擇將工作時間拉長，也就是加班或再兼第二份工作，如此一來，家庭的休閒娛樂、旅行、進修、共餐的時間會變少，逐步影響和家人的情緒，若某個家庭成員的溝通能力與 EQ 又不好的話，家庭分裂得更快，健康也會出狀況。收入低於支出的人，工作時間越長、越沒時間休

息，連帶著無法照顧家庭，沒健康、沒能力去旅行，就會逐步喪失幸福。然而科技與網路進步太快，當某一個國家多數的人民用過多的勞力且長時間工作，而機器人與自動化設備又越來越普及時，多數企業將不再雇用過多的員工，企業只保留腦力好、學習力快、有創意的菁英即可。因此在未來短短5～10年間，全台灣、全球多數的企業人力需求肯定會下降，收入會更集中在懂得用腦的人，而不是給職場資深以及學歷高但趨勢技能落後的人，也就是說今年起，多數人會明顯體會到工作機會越來越少，錢越來越難賺、越來越難存。

當然，不只智商與腦力要高，一個人的做事態度、人際關係、了解趨勢、掌握機會的能力也很重要，這些同步決定收入高低。國家進步的基礎與原動力來自於人才，人才越多的國家，經濟越繁榮；人才越多的企業，發展越穩定；甚至，從一個大家族到一個小家庭，若每位家庭成員都具備高度競爭力、成為自己工作領域的佼佼者，這個家庭的生活品質肯定在中上程度。而成為人才的原因就是聰明智商高，學什麼、做什麼都比同一水平、同一行業的人好，並且從事適合自己天賦的行業又比他人更自律的付出，產出的價值比多數人的總和還要高，這就是人才。

要常告訴自己與孩子，賺錢其實很容易，我們要多學習的是用

錢的智慧以及用心對待家人！

 學員見證

積極的態度、正面的思考、有效的學習，千碩老師帶我一起做到了！

張玉子、黃惠琪、柯宏璋

# 多數人真正需要的是平衡圓滿的幸福人生

千碩我在 21 歲時接受腦力開發專業訓練，到 25 歲時頓悟，發現人不一定要追求成功的人生，而是要懂得創造幸福人生。當然，世界上有些偉人，將自己的生命盡全力地貢獻給社會與世界，雖然可能因此犧牲了健康與家庭，但也造福了人群，讓世界更進步。倘若你凡事追求第一，就應該順勢發展你的成功人生，若家人也以此為榮，大家有共識，甚至是家人陪你一起衝刺成功人生，只要問心無愧，就算戰死沙場，相信你和家人也不會後悔。想選擇什麼樣的人生端看你自己，你適合成功人生嗎？是否有堅忍的意志力與體力去追求？當然對千碩我是比較鼓勵大家以創造「平衡圓滿的幸福人生」為主，因為我相信人只要充滿愛與幸福感，就是成功的人生，至於金錢與事業若要成功（但不一定成為富豪），事實上很簡單，先把握三原則，就能創造高於多數人的高收入，那就是：專業知識持續提升並

且創業、培養好的人際關係並合作讓利、正確的投資理財。

平衡圓滿的幸福人生就是：健康、家庭、有錢、有閒、夢想這五個要素。相信大家都想要幸福，而現代人提到何謂幸福人生時，多數會先聯想到要有錢，而且還不是收入夠用就好，還需要十分充裕才算，有句話說「巧婦難為無米之炊」，恰好點出沒有錢萬萬不能的關鍵。現今社會如此動盪不安，家庭婚姻親子問題，大多數跟經濟的萎靡有著莫大的關聯。不可否認的是，全世界一些被公認最幸福的國家或城市或地區，人民收入的確都「極高」，一生的食衣住行育樂醫療與殯葬的支出都很寬裕，生活品質極佳，有足夠的收入支付物質慾望與滿足精神活動。當然，政府提供完善的健保、退休、養老、育嬰假與補貼、小孩讀書很便宜……讓人民沒煩惱，也是幸福原因之一，不過說穿了，也需要政府有錢又有德才行。

聯合國與 OECD 進行調查與評估，發現人民感覺不幸福和實際真的很不幸福的國家中，幾乎都是戰亂國或貧窮國居多。馬斯洛人類五大需求理論也具體指出，生命安全、有吃有住是最基本的生存條件，再來談人際關係、友誼與愛，以及是否有接受教育的機會與工作是否滿意被尊重，最後談休閒娛樂和夢想、自我實現。台灣很有趣，明明沒戰亂，也不像某些國家貧窮，但為何這幾年多數人陸續反應，覺得自己不幸福？

台灣在全世界 200 多個國家中，開發先進程度少說可排進前 20 名，也就是贏過 90 ％的國家。舉例來說：台灣的醫療、科技、網路、思想與言論自由度、安全、教育普及度、健保、稅制、氣候、娛樂休閒、人民善良、國際化餐飲、生活用品、奢侈品、高級房車、金融股市、居住品質建材、自然景觀、工作機會、創業機會、交通、中華文化、人權福利（原住民與婦女、兒童、老人）、民主法治……以上就算沒有每一項都到世界最頂級，但也都算中上程度了。當然我們不能因此而滿足，台灣還是有很大的進步空間，只要政府與人民懂得團結與創新，只是為何台灣這麼棒了，多數人還是覺得不幸福呢？

客觀來看，因為多數人民還是覺得收入不夠高，只能滿足生活基本需求，更高層次的物質需求與超高層次的精神需求若長期無法被滿足的話，幸福感就會降低。另外，收入不夠高或不夠用的感受是被比較出來的，因為房價與物價漲得快又多，若工作時間太長，而收入不符合付出比例，就會覺得收入變少。舉例來說：同樣月收入，住在台北市跟住在屏東花蓮台東，對收入的感受就會截然不同。同一個人，一樣都是收入 50000 元，住在不同物價的城市，幸福感會跟著改變。所以，多數人希望收入高，但幸福感不能只看收入，而是看支出比例、CP 值、存款數字。

再舉一個例子來說：王小明（或許是讀者您）假如去年年收入
60 萬元，但一年工作 12 個月，一個月休假 8 天，也就是工作
22 天，一天工作 8 小時，這是多數台灣上班族的型態，我們
先暫定此標準幸福度為 60 分。想像若王小明今年一樣年收入
60 萬元，但只要工作 10 個月就能達成，每個月休假變 12 天，
也就是每月只要工作 18 天，而一天的工作時數只要 6 小時，
此時幸福感會大大提高到 70 分以上，沒錯吧！因為人的幸福
感受，不能只單看收入變高，就算收入不變，休閒時間變多，
也會更幸福一些，以及最重要的是：多出來的休閒時間用來做
什麼。本書要探討的是金錢或經濟能力會影響幸福感高低沒有
錯，但自由時間以及時間用來做什麼行為，影響程度會更大。

千碩我再舉例：王小明去年收入 60 萬元，一年工作 12 個月，
一個月休假 8 天，也就是工作 22 天，一天工作 8 小時，幸福
感 60 分，勉強接受。今年收入，天啊，老闆給他多加 2 倍，
變成 180 萬！不僅滿足物質與家庭所需，且變得比以往更寬
裕，甚至孝親費也回饋得更有誠意了，好，很好，非常好，有
錢真好，但為何他感覺更不幸福？原因是他今年被老闆要求一
整年工作 12 個月，一個月只能休息 3 天，也就是每月工作 27
天，一天工作 10 小時，晚上下班到家累得只剩洗澡與睡覺，
休假這 3 天是用來補眠的，既沒心情和家人互動、也沒空和知
己談心，更沒體力和另一半恩愛（甚至沒空約會談戀愛、沒空

陪小孩讀書）。像這樣高收入的人，幸福度您打幾分？

以上舉例符合大多數人的情況，差別只在收入的數字與休息的數字不同，以及身分是員工或老闆。也就是收入超高、權力超大的老闆也不見得會幸福，如果他的自由時間不夠滿足他的精神生活的話。所以，人活著不能只想著要如何提高收入，而是要想如何提高自己的程度，也就是價值，這樣收入自然會增加，接著再徹底分析工作中的「哪一段」流程可以授權、外包、善用電腦科技自動化、與他人合作……來提高工作效率，或是減少自己的工作量，讓工作時間變少。當自由時間逐步變多一些時，也別輕易揮霍時間在小打小鬧的消遣娛樂上，建議將時間再分配於：多閱讀、多進修、多運動、多旅行、多陪家人知己、培養 1～2 個新的興趣、多研究下一年度的趨勢，然後從中整合人脈與資源，將興趣結合趨勢並寫出商業模式，便可以在下一年度玩出更高的收入。這樣的思考好處是初期不以賺大錢為目的，而是以充實自己、創造價值、連結人脈為主，人在身心靈比較滿足的同時，健康與好運比較容易產生。有點小錢、有點小閒又有健康的同時，每個月陪家人一起去進修、國內輕旅行，一年出國旅行 1、2 次，讓幸福感分數提升，財運也會增加喔！

旅行是凝聚向心力及緊密關係的最好方式，當人身處異鄉，反

而會與同行的夥伴產生更親密的聯繫，而且全家人從一起規劃旅遊行程，到一起採購所需用品，都是旅行中難忘的回憶。此外，孩子會因為要出國旅行，願意自動自發達到父母的要求，夫妻也會因為要出國而更努力賺錢、存錢，不會在小打小鬧的地方亂花錢。簡單說，一年陪家人逛 50 次百貨公司或夜市，還不如好好出國玩一次，而且出國玩的城市與行程最好和你的工作、事業有點關聯，這樣可以順便進修考察，有助於回國後的職場發展喔。人只要處於和樂氛圍、心情愉悅，正能量就會越高，好運就越多，貴人與機會就會越多，因此用心經營生活，家人給予的回饋，是再多的金錢也換不到的珍貴禮物。

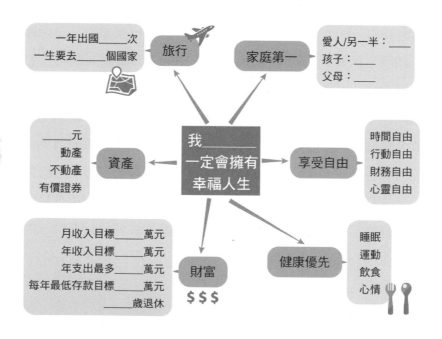

幸福究竟是什麼？

# 越快樂越成功

不論我幾歲退休、擁有多少錢退休、和誰在一起、不論我身處何地、現在幾歲、目前身分地位如何，只要每天懂得創造快樂給自己和身邊的人，好運會更多、做事會更順利，不小心發生的意外與困難的損失也會降到最低。

幸福＝擁有最理想的生活＝懂得創造工作與生活的樂趣

千碩我在 15 歲那年認知到你我都無法選擇自己的出身，但可以選擇自己的未來。想要擁有理想的生活、幸福的人生、提早實現退休，最好的方法就是提升自己的程度。全世界、全台灣每個行業裡程度最高的人，收入都是該行業最高之一，從來沒看過例外的。吳寶春師傅是我欽佩的人之一，若他只懂得努力工作做麵包，而沒有繼續求學問以研究開發更好吃的麵包，其程度和多數麵包師傅一樣，只能滿足屏東人，所以收入 60 分；若他的程度進步到南部人都會去買，那收入自然會到 70 分；但是他繼續把程度拉高到世界比賽第一名，讓全台灣人都認識他，甚至專程去買他的麵包時，那收入自然跳到 98 分。

所以，看一個人的收入，就知道他的程度，包括「用心」的程度、「敬業」的程度、「用腦」的程度。關鍵是，一個人為什

麼會主動提升自己的程度？因為做這件事情讓他很快樂，接著會產生熱情，把興趣持續做、持續學、持續研究，逐步成為專長，當專長應用在工作事業時，小成功就會得到小成就感，讓自己想要更投入，遇到小失敗更好，就有經驗可以知道從哪裡調整做修改，下一次就能做得更好，又產生小成就。所以不要努力工作，而是要努力提升程度，並立即執行持續調整。

**學員見證**

書很多看不完但又非看不可，透過腦力開發幫助我閱讀更快速。

張富甘、鄭碧霞、曾婕熒

# 如何讓自己更快樂

要成功或幸福，第一步就是讓自己更快樂，不論是對家人、對工作、對自己，越快樂越成功。活著就是勝利，賺錢只是遊戲，健康才是目的，快樂更是真諦。快樂是養生最重要關鍵，想要成功，心情愉悅最重要，而我們要如何讓自己更快樂：

一、不要疲於奔命，活得再從容一點。

不要把行程排滿，要睡足、慢食、好好洗澡、好好上廁所。事情要一步一步做，只挑最重要的事來做，一次只專注做好一件事。

二、生活品質的優劣，取決於自己的心態與選擇。

有錢揮霍或天天山珍海味，不見得就是生活品質高。愛人與被愛、助人與付出、感恩他人以及被他人感恩，才會滿足更高的精神層次，這才是有品質的生活。

三、適度的關心，保留彼此的私人空間。

太過度的關心成為嘮叨時，反而不快樂。不論親情、愛情、友情，每天無時無刻黏在一起，自己和對方的隱私毫無空間時，也會不快樂，應該偶爾給自己和對方一些獨處時間。

四、活到老、學到老。

先從事自己熱愛的領域，持續進修相關的延伸新知識。接著去嘗試自己感興趣的事物，結交這領域的良師益友，同時要多和個性樂觀的人往來。

五、靠誰都不如靠自己。

只要有在進步，肯定會遇到問題、挫折，自己先思考如何解決，直接面對挑戰，視困境為學習經驗的好機會，真的解決不了時，別花時間抱怨，趕緊去請教專家。

六、心存感恩最容易獲得快樂。

無論大小事情都懂得感恩，對家庭、工作及朋友，都親口告訴

他們，生命中因為有了他們，自己才感到快樂，適時觀察對方需求，給予回應、回報與關心。

七、笑口常開。

對生活不要過分嚴肅，試著去發現生活的點滴樂趣，適時的幽默一下，讓生活充滿笑聲。經常以有趣、刺激的方式來練習大腦，活躍自己的思維，要與時俱進，不要過於守舊固執。

八、人生只有一次，盡可能每天活得很快樂。

首先家庭要快樂最重要，多對家人說感謝，體貼體諒，主動做家事，家裡囤積物越少越好，環境乾淨整齊，購物、教育及健康觀念要一致。

九、工作要快樂。

若遇到不喜歡的公司就換工作吧！但也要先反省一下是不是自己的個性、溝通技巧、專業能力需要再改善，重點是如何挑到令自己滿意的工作？答案還是一樣：成為有價值的人、成為第一名，讓別人需要你，而你也願意幫助別人。所以，可以給自己機會創業當老闆，自己決定自己的人生，發揮自己的事業理念。

十、人際關係要快樂。

多和善良正直、有教養及聰明積極、有目標的人交朋友，如此才能一起完成共同願景，不會碰面時只聊八卦與負面話題。

十一、生活要快樂。

請您現在提筆寫下，每個月各要安排幾次的：

藝文活動＿＿＿＿＿次，接觸大自然＿＿＿＿＿次，運動＿＿＿＿＿＿次，到書店或圖書館閱讀＿＿＿＿＿次。

十二、馬上行動。

看完這一句話之後，請馬上打電話、寫 Line 承諾家人，今年和明年分別帶他們出國旅行＿＿＿＿＿次，並請先寫下要去的國家與城市名稱：＿＿＿＿＿＿＿＿＿＿＿＿＿＿＿＿＿。

以上 12 點，為千碩我自己實驗成功以及觀察幸福又快樂的人常做的行為，祝福您的生活也可以越來越快樂喔。

幸福＝擁有最理想的生活＝懂得創造工作與生活的樂趣，而每個人心中對最理想生活的定義肯定不太一樣，所以本書要教大家「設計自己人生的能力」＋「調配讓自己快樂的配方」。請您提筆撰寫以下題目：

1. 身心靈健康為優先。請寫下做哪三件事讓您最快樂：

　　(1)＿＿＿＿＿＿＿＿＿＿＿＿＿＿＿＿＿＿＿＿＿。

　　(2)＿＿＿＿＿＿＿＿＿＿＿＿＿＿＿＿＿＿＿＿＿。

(3)＿＿＿＿＿＿＿＿＿＿＿＿＿＿＿＿＿＿＿＿＿＿＿＿＿＿＿＿＿。

2. 從事自己喜歡的事業，並且工作時間自由彈性。若要創業，或重新創業，做什麼項目會讓您比現在快樂：

＿＿＿＿＿＿＿＿＿＿＿＿＿＿＿＿＿＿＿＿＿＿＿＿＿＿＿＿＿。

負責哪一個職位會讓您比現在快樂：

＿＿＿＿＿＿＿＿＿＿＿＿＿＿＿＿＿＿＿＿＿＿＿＿＿＿＿＿＿。

3. 有錢，初期先努力讓月收入大於月支出 3 倍左右（請先別無限上綱）。請寫下金錢讓您快樂的三個原因：

(1)＿＿＿＿＿＿＿＿＿＿＿＿＿＿＿＿＿＿＿＿＿＿＿＿＿＿＿＿＿。

(2)＿＿＿＿＿＿＿＿＿＿＿＿＿＿＿＿＿＿＿＿＿＿＿＿＿＿＿＿＿。

(3)＿＿＿＿＿＿＿＿＿＿＿＿＿＿＿＿＿＿＿＿＿＿＿＿＿＿＿＿＿。

4. 每天輪流做可以讓自己和家人開心的興趣。請寫下您想培養哪三個新興趣會讓您更快樂：

(1)＿＿＿＿＿＿＿＿＿＿＿＿＿＿＿＿＿＿＿＿＿＿＿＿＿＿＿＿＿。

(2)＿＿＿＿＿＿＿＿＿＿＿＿＿＿＿＿＿＿＿＿＿＿＿＿＿＿＿＿＿。

(3)＿＿＿＿＿＿＿＿＿＿＿＿＿＿＿＿＿＿＿＿＿＿＿＿＿＿＿＿＿。

5. 每年可以隨時和愛人、家人國內旅遊＆出國旅行。請寫下您最想和誰旅行會讓您快樂：＿＿＿＿＿＿＿＿＿＿＿＿＿。

請寫下最想去哪三個國家／城市／景點會讓您快樂：

(1)＿＿＿＿＿＿＿＿＿＿＿＿＿＿＿＿＿＿＿＿＿＿＿＿＿＿＿＿＿。

(2)＿＿＿＿＿＿＿＿＿＿＿＿＿＿＿＿＿＿＿＿＿＿＿＿＿＿＿＿＿。

(3)＿＿＿＿＿＿＿＿＿＿＿＿＿＿＿＿＿＿＿＿＿＿＿＿＿＿＿＿＿。

6. 請再寫下您此生一定要達成的三大夢想：

(1)＿＿＿＿＿＿＿＿＿＿＿＿＿＿＿＿＿＿＿＿＿＿＿。

(2)＿＿＿＿＿＿＿＿＿＿＿＿＿＿＿＿＿＿＿＿＿＿＿。

(3)＿＿＿＿＿＿＿＿＿＿＿＿＿＿＿＿＿＿＿＿＿＿＿。

7. 請再寫下您今年一定要做到的三大目標：

(1)＿＿＿＿＿＿＿＿＿＿＿＿＿＿＿＿＿＿＿＿＿＿＿。

(2)＿＿＿＿＿＿＿＿＿＿＿＿＿＿＿＿＿＿＿＿＿＿＿。

(3)＿＿＿＿＿＿＿＿＿＿＿＿＿＿＿＿＿＿＿＿＿＿＿。

寫上您的姓名，並發想你人生「五大要素」具體的生活形態

## 斷捨離

世界上任何人一生所有的目標、計畫、夢想、財富、愛情、家庭、健康、身份、地位、人際……全部都是需要用大量「時間」去創造的，所以，自己人生的定位，最好在出社會前就思

考好、年輕時就開始執行，或至少今晚認真思考寫下，您未來
這十年的人生新定位：＿＿＿＿＿＿＿＿＿＿＿＿＿＿＿＿

＿＿＿＿＿＿＿＿＿＿＿＿＿＿＿＿＿＿＿＿＿＿＿＿＿＿＿＿

＿＿＿＿＿＿＿＿＿＿＿＿＿＿＿＿＿＿＿＿＿＿＿＿＿＿＿。

並且一定要專注、專注、專注！千萬不要拖延、不要等待，更
不要成天幻想或找人瞎屁，所有會影響幸福的人事物，請全部
斷捨離。把今生、今年、這個月、本週、今天、當下的所有時
間，都專注用來實現你在本書裡所寫的人生核心目標。

跟大家分享千碩我此生的三大夢想：

1. 健康長壽活到 120 歲以上（每天睡眠極為充足，運動，心
   情愉悅，天然有機高品質飲食）。
2. 家庭幸福、家人好相處、家裡乾淨整齊。
3. 年輕退休，每天過著最理想的生活，每個月輪流做自己的
   十大興趣。

千碩我每年的三大目標：

1. 收入大於支出，以 10 倍為主（錢多到花不完就好了，根本
   不用當首富）。
2. 重點是每年只要輕鬆工作 12 天～60 天即可。
3. 每年環遊世界出國玩 6 次。

多數學員一開始聽到我的夢想與目標，都覺得不可思議或感到

困難，有趣的是，我還是一樣做到了！而且還不是靠爸媽的錢（因為家境不好，也沒得靠），完全靠自己一步步做到。但在21歲「以前」，我也是不敢想像自己能夠在中年時就過著退休的理想生活，完全是因為學習腦力開發之後，才學會勇敢做夢、完整計畫、立即行動、快速學習……，幫助我提早20年達成退休生活。所以，再次鼓勵大家，請在今天一鼓作氣，認真把這本書讀完，然後趕緊拿出紙筆，勇敢寫下、畫出你的理想生活喔！

一生成功的方法
知識&技能

受人敬仰的要素
品德&教養

幸福人生的核心
健康&家庭

持續快樂的動力
助人&付出

迷你退休的關鍵
自由&財富

# Chapter 2

# 你何時才能安然退休？

將時間成本與收益
從計較價格變成無形價值，
具備運用時間與快速賺錢的能力！

先苦後甘的人生？

# 多數人把退休的定義搞錯了！

退休，是每個人一生奮鬥的目標，本該抱持著愉快的心情迎接它，沒想到來臨的那一刻，竟是如此難以面對！退休後要做什麼？退休後入不敷出的生活開銷哪裡來？樹倒猢猻散的失落感該如何平復？

千碩我和中國信託財富管理業績全國第一名的蔡翠玲協理，針對財富管理、退休金規劃做了訪談，將多數人 65 歲起退休後的生活品質，分成以下四種不同程度，並整理出一些重要的問答與資訊供您思考（每個人對生活品質要求不同，數字您可自行調整，看完後會發現，有錢真的很重要，千萬不要再說錢夠用就好，現在講錢只要夠用的人，晚年會很淒涼！）：

1. 不及格、很差：退休時的退休金不到 1000 萬元（等於每個月生活費大約 50000 元），若活到 80 歲，生活與醫療品質會讓晚年過得很不舒服。假設你現在 40 歲左右，等 65 歲退休時，隨著物價指數變動，現在一個月生活費 50000 元到時候恐怕不敷使用，而且人越老生病機率越高，這 1000萬元還不包含龐大的醫療費用。

2. 及格、合理：退休金有 1700 萬元（等於每個月生活費大約 78000 元），多數生活的正常支出都 OK，勉強達到基本的 醫療品質，但若遇重大支出也是負擔不了。

3. 不錯、安穩：退休金有 3400 萬元（等於每個月生活費大約 150000 元），除了醫療費與意外支出都可應付，還可以偶 爾安排旅遊。

4. 品味、享受：退休金有 5100 萬元（等於每個月生活費大約 220000 元），晚年生活與醫療品質上等，更能時常旅行。

5. 擁有超過一億元現金作為退休金之上流生活。

請大家練習算看看，以及描述想要過怎樣的退休生活？

想要讓自己退休後過著安穩的生活，首先要有正確的理財觀 念，打造自己的「活、留、存與財富金三角」：

1. 留：不只留財富給家人，也要準備好稅賦、預留稅源。例 如：每年存 220 萬元到小孩的帳戶作為贈與，同時為自己 買幾張長期終身的保單且受益人為自己的小孩，未來上天 堂後兒女要繼承財產，必須先去國稅局做完稅的動作，繳 交 10 ％～20 ％的遺產稅，此時子女便可以用他們自己銀 行帳戶的錢與你保險的理賠金去完稅，這樣子女們才可以 完整領到你留下來的財產。

2. 活：明確寫下每月生活支出的金額（包含食衣住行育樂）、 醫療的金額、退休後每月支出、退休後的醫療金額以及家

庭責任額（想要留給家人的錢）。平時要未雨綢繆，若計算出最低退休金建議金額後，驚覺離目標還有很大差距，就要更謹慎控管支出，並且立即提升職場競爭力、增加收入；若自己目前存款和月收入、月存款、月投資額是可以在退休時提供足夠退休金，則建議要新增「風險支出金」。

3. 存：研究可以透過哪些方式存到自己希望的資產目標金額，以及存到退休後生活費＋醫療費（可用保單轉嫁該醫療支出，那麼現在的生活支出就要再加上一筆買保險的支出），最好的方式為創業賺到大筆收入，在還沒存到退休金前先別買昂貴的用品，但創業有風險需要多學習；第二種方式為提升職場競爭力，讓自己年薪最少 300 萬元以上；第三種方式為投資債券、ETF、基金、股票存息再投資（詳細的功課與組合方式請先找專業的理專規劃）。

**註**：買長期壽險的保險保單為退休規劃中很重要的地方（好處）：保本、利息可免稅、利息比定存好一些。

接著談談基本入門的財富管理分析法：

1. 年齡：想要在老年、退休時（例如法定年齡 65 歲）存到退休金，建議在越年輕時越早開始，因為可以累積的「複利」時間拉長，創造出的金額數字越大。例如：你現在 40 歲有 1000 萬元閒置資金拿去做穩健 5 ％的基金，複利 25 年後變成總價值約 3500 萬元（或是投資美國公債目前約 3.8 ％

的複利，25 年後變成約 2600 萬元）。但若將通膨算入，實際上未來 20 幾年後的你，身上就算擁有 3500 萬元的退休金，其價值可能已經縮水成不到 3300 萬元。所以，最好在 40 歲就存到 2000 萬元的活用現金去做穩健的投資（或是 50 歲時存到 3000 萬元），若你現在 30 歲，等於每年年收入要 300 萬元以上，每年存 200 萬元連續存 10 年。

2. 性別：男生與女生所思考的退休金規劃會有所不同。例如：女人可能會經歷 1～2 次懷孕、生產、帶新生兒，導致職場生涯中有 1～4 年是沒有收入的。而多數男人也有可能在壯年時期買了車子、房子這種大型支出，所以要存到很夠用的退休金變得比較困難，除非不買房、不買車或是趕緊提升職場競爭力成為職場高階主管、超級業務、創業成功，至少要讓自己年收入最少達 300 萬元以上（但還是要工作 20 年以上＋安穩的投資，才存得到「你個人」很夠用的退休金）。

3. 責任歸屬：除了要存到自己的退休金，還要加上中年時要負擔年邁父母親之退休金、醫療費以及小孩讀書的錢，還有要留給小孩的財產、完稅金、你幫自己繳的保費等，所以最好要有存款 5000 萬元以上。

註：以上情況發生機率都很高，至於要支出的金額高低，每個人要求不一樣，關鍵在於你是否有意識到這二個人生重大的議題：「準備多少退休金」以及「如何創造、存的到這

筆退休金」。此生要過得幸福與否，關鍵在你和家人都需
極度重視這二個問題，並且立即學習如何增加收入的技
能，而不是用過去的經驗再繼續努力工作，同時，股票、
基金、保險要全方面配置，越早做越好。

目前台灣人的平均壽命為女生 83 歲、男生 77 歲，但 10 年後
的醫療科技會讓你多活 2～6 年，20 年後的科技更有可能讓你
多活 8～12 年。世界銀行建議一個人的退休金之所得替代率最
好在 70％，假如目前的你 40 歲，月收入 6 萬元，25 年後當你
65 歲退休時，每個月最少有 42000 元的生活費，至少需要 1260
萬元，但這 25 年間會有通膨率 2.5％，所以最好在明年開始，
這一輩子都要有每個月月收入「最低」11 萬 2000 元以上。以
台灣人平均壽命 77 歲減掉 65 歲，相當於有 12 年的退休生活，
但人類每 10 年會多活 6 年，因此 83 歲減掉 65 歲後代表你極
有可能退休後還要活 18 年，而 11 萬 2000 元×70％×18 年＝
大約 1700 萬元，這就是你要存的退休金的最低門檻，還沒算
醫療費、和你父母的醫療費，以及責任歸屬費……。（如果你
計算完以上數字後，還覺得這樣的退休金不夠，那就要從今年
開始趕快提升自己的職場競爭力或學習如何創業成功，讓自己
的月收入最少達 30 萬元以上，每個月存款 20 萬元以上。）

因此千碩我建議，要求自己朝更高理想值的目標去努力，就是

讓自己每個月月收入 60 萬元以上，每個月存款 50 萬元，10 年後就有 6000 萬元的積蓄，再加上穩定的投資。趁年輕時成為行業的頂尖（這樣收入才會高）、用心準備創業、不亂花錢、不一定要買房子、不買昂貴的車子、穩健投資、養身健康第一重要！

## 現代人的兩難

我們先來思考一下，請立即提筆寫下：

你想退休嗎？＿＿＿＿＿＿。

希望幾歲退休？＿＿＿＿＿＿。

預計準備多少錢之後退休？＿＿＿＿＿＿。

退休後要繼續做有收入的工作嗎？＿＿＿＿＿＿。

你目前的工作可以讓你賺到足夠的存款而退休嗎？＿＿＿＿＿＿。

若可以，但還要工作幾年？＿＿＿＿＿＿。

這份工作有讓你快樂嗎？＿＿＿＿＿＿。

如果不可以，那你為何還不換工作？＿＿＿＿＿＿。

答案是隔行如隔山。

那今天開始培養一個新技能：＿＿＿＿＿＿＿＿＿＿＿。

如果你從沒想過退休這件事，就是非得要工作到生命結束的那一刻，表示你真的很熱愛這一份工作，那你的父母、伴侶、兒女有跟你表示過你的工作（環境、身份、收入、時間）有讓他們幸福嗎？＿＿＿＿＿＿。

縱使你很熱愛這份工作／事業，但有讓你同時滿足家庭嗎？_____
_____。

有影響到您的健康嗎？_____。

不只是賺錢給家人用，而是家人滿意你陪伴他們的時間嗎？_____
_____。

你為什麼願意為了工作而犧牲更重要的家人與健康，甚至是你
的夢想，為什麼？_____。

難道不能把夢想與興趣變成事業也有收入嗎！一定可以的，歡
迎來聽千碩老師的演講，與君一席談，勝讀十年書。

現代人的兩難：越來越難退休！活太久退休期太長！這是壞消
息，也是好消息。壞消息源頭是機器人、AI 人工智慧、科技
越來越進步，40 ％的行業會在近年持續減少人力需求，也就
是裁員！所以每個人換工作甚至是換行業的機率比以前高，甚
至失業時間會拉長，就算有工作，付出與回報（收入）將更不
成比例，也就是工作時間更長、壓力更大，但收入卻一樣，或
只增加一點點收入，偏偏生活必要支出是每年增加。所以現代
人會越來越難退休，因為賺不到夠用的錢，不容易存到退休後
夠用的生活費和最可怕的醫療費（若沒有在年輕時懂得養身的
話）。好消息是醫藥、醫療、生物科技越來越進步，讓我們這
一世代的人（目前 50 歲以下，1960 年後出生）幾乎都可以活
到 100 歲，所以我們有更長的時間歲月可以享受人生，退休期

可以拉得更長，或是工作人生要拉的更長到 80 歲還要工作，當然就必須在年輕時或「現在」就開始賺更多錢。

因此要鼓勵自己和孩子，每年或至少每二年就要去學習新的技能，才能轉換職場跑道，繼續有收入。如此一來，大腦的充實度會比以前更高，因此要比以前讀更多書，好處就是知識與智慧會增長得比以前更多，對人生的看法會更深入。再來退休時間拉長，等於空閒時間會多更多，意味著出國旅行的機會也變多，視野也會更寬廣。所以，年輕時就要注重養身、賺錢與存錢。

越來越多企業（製造業、服務業、業務銷售）的工作會在 5 年內改用電腦、機器人、雲端自動交易系統，好消息是人類可以不用做太多勞力型、重複性、長時間的工作，讓人們更自由，企業的人事成本可以降低、產能提升、利潤增加，這對老闆和想創業的人更能提高成功機率，當然，失業人口也會急遽提升。另外，從事以下類別產業的人，未來收入會更高：

1. 高創造力：自己（或和團隊）創造全新的概念、商品、服務、技術以及商業模式。

   那我要做什麼：＿＿＿＿＿＿＿＿＿＿＿＿＿＿＿＿＿
   ＿＿＿＿＿＿＿＿＿＿＿＿＿＿＿＿＿＿＿＿＿＿＿。

2. 創新能力：將原本已經存在多年的商業行為或商品，優化

升級得更好用、更完美、更輕盈、更普及。

那我要做什麼：_____

_____。

3. 懂得研發操作維修機器人：包括應用或結合於 AR、VR、MR、物聯網、大數據、金融科技。

那我要做什麼：_____

_____。

4. 精緻服務：高級管家、飯店、渡假村、頂級旅遊、更高級的餐飲。

那我要做什麼：_____

_____。

5. 美學藝術：時尚、居家品味、音樂、畫作、雕刻、收藏、拍賣、文創。

那我要做什麼：_____

_____。

6. 生物科技：因為更多人類想要更年輕、更健康、更長壽、更美，因此包括醫療、自然醫學、醫美、抗老、治癌、預防失智、農業。

那我要做什麼：_____

_____。

7. 娛樂體育：電影、電玩、體育賽事、遊樂園。

那我要做什麼：_____

由於科技進步，未來5年開始，全台灣與全世界的失業潮會逐年提高，屆時人們將徹底覺醒：我和孩子不能再一直被機器人取代了。此時，人們會更謙卑的主動多求學問，培養高度競爭力，15年後這個國家的人民素質會更提升。當然，多數菁英有更高可能性移居到更高素質的國家，包括20年後的外太空站。

從2005年起短短10多年，全球眾多平台與共享經濟的崛起，完全證實小資金＋大創新的獨角仙小公司，能夠用更少人力與成本，變成擁有上千億乃至於上兆產值的獨角獸巨型企業。這跟你退休有關嗎？當然有，而且有大大的關聯性。要嘛，你也去創造一家新的獨角仙（需要找到藍海、獨特靈感、持續創新、執行力、經營管理能力）；不然就是當投資獨角仙的股東（機運、眼光、膽勢、拿得出錢）；再不就是被整合後當下游供應商；最後可能落得生意被他們搶光，因為客戶不需透過你，直接在他那兒消費反而更快更便宜；或是你成為他們的使用者、消費者。

Ps.獨角仙是千碩我用來隱喻某個公司要成為獨角獸之前的趣味暱稱。

# 學習一個新技能最重要！

全球許多極負盛名的企業，近兩年來時常發生停止營業或是解僱、縮編等問題，未來會更頻繁地發生，原因不外乎是：同行使用了破壞式創新商業模式，讓競爭對手的產品頓時乏人問津；另外還有同行購入機器人、政治因素、國際貿易、稅金與匯率等，一個事件就會讓企業損失大量訂單，所以會有越來越多企業減少使用員工，或是汰換掉舊員工且引進新員工，藉此降低人力成本來創造更大利潤。而企業主最想要的員工類型不外乎是：善用影音媒體、網路工具、創新行銷、物聯網、區塊鏈，會研發、製造、維修自動化設備、智能機器人。

職場變化越來越快，趕緊來規劃充實自己：

1. 養成每天看全球新聞、經濟日報的習慣。
2. 每週閱讀《商業周刊》、《今周刊》等文章。
3. 每月閱讀《天下》、《遠見》等雜誌。
4. 參加自己行業的社團。
5. 結交自己行業的專家。
6. 每天閱讀自己行業的相關書籍。

7. 下班與假日時培養一個興趣，一個你最喜歡的興趣。對，先一個就好！

8. 多和同學、同好、老師交流。

9. 研究興趣的背後理論以及延伸應用。

10. 將興趣與事業結合，一年後轉行到該興趣的相關行業工作或創業。

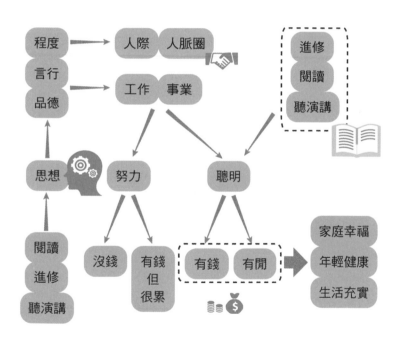

正確金錢觀

# 具備運用時間快速賺錢的能力

世界每一年進步的速度越來越快，現代人最重要的競爭力已經不是學歷、年齡和資歷，而是快速學習的能力＋快速產生創意的能力，企業之間已經不是比誰資金大，而是在比誰的商業模式更強，包括大數據資料。

也許大部分的人注意到這個問題，但不到 10 ％ 的人會將收入的一部分持續用在進修學習上，這其中 5 ％的人會選擇學習有關休閒、興趣、放鬆及健康的身心靈課程；另一部分的人會學習對「職場加薪／未來可以換更好的工作／創業」有關的新技能，也就是說不到總人口 5 ％的人，願意用下班時間和假日去進修可以提升自我競爭力的課程。景氣越來越差，老闆只會願意加薪給全公司表現最好的 1 ％員工，而這 1 ％的人幾乎都是下班後有再去進修的人。

世界第一名校哈佛大學，教出最多總統、諾貝爾獎得主、普立茲克獎得主，培養出多名世界級企業家及全球 2000 大企業的高階主管，而這所大學最著名的風格就是「積極學習」。學校

裡每位教授都強調學習及閱讀的重要性，不論一個人現在幾歲，都要持續學習最新的資訊與技術，並且驗證強化自己的專業，我們不一定要什麼都懂，但一定要成為自己工作領域中最專業的人！運用時間的能力與快速賺錢的能力，是你和孩子最需要具備的終身技能。

## 徹底翻轉自己的人生，改變永遠不嫌晚

也許你曾經聽過也參加過坊間許多教育訓練的課程，這都很好，表示你很愛進修，肯定比 99 ％的人有競爭力，也比多數人有更高的成功機會。千碩我很鼓勵朋友，特別是自己的學員和員工要多閱讀、多進修、多聽演講，因為我自己就是這樣的經歷，21 歲時還在路邊當發傳單的工讀生，一小時薪水不到80 元，透過大量閱讀、進修、聽演講，從各領域老師的專業授課內容中快速進步，一點一滴讓自己的程度提升，換了工作後又要求自己再多閱讀，讓工作表現更好，被老闆認同，升遷加薪，直到擺脫窮忙。

而我又運氣比較好，當時先進修腦力開發的培訓課程，所以加快了學習力、思考力、表達力，於是幫助我看書更快，理解分析更快，創意更多，溝通能力以及上台演講簡報能力更好，後來再去進修其他老師的課程時，吸收內化的速度更快了，明顯感受到頭腦越來越聰明的我加乘進步，24 歲時就受邀到中央

警察大學、國防部中科院、台北市政府授課以及扶輪社演講，一小時收入 5000 元～10000 元，接著 25 歲白手起家、創業成功，28 歲時就完成退休夢想：自助環遊世界七大洲，受邀到 TEDx 演講，我的故事也很榮幸被列入全國高中教科書，這樣的紀錄全台灣應該很少人做得到。

這幾年我過著半退休生活，一年工作 2 個月，一年出國旅行 6 次，幾乎每個月有 20 個整天都在家裡做自己最感興趣的事（品紅酒、下西洋棋、買菜、運動、看電影、烹飪、看展覽、逛書店、閱讀、進修喜歡的課程、再培養喜歡的興趣、寫書），每小時授課收入已達 20～40 萬元之間。許多人認識我之後，知道我的生活時，幾乎都認定這就是「幸福的人生」，並且鼓勵我出書分享，幫助更多人也能獲得幸福。因此千碩我在本書教大家，真正的幸福人生就是要：有錢、有閒、健康、家庭、實現每階段的夢想，這五個要素同時具備，也就是說「不能」只看一個人的事業很成功、有高知名度、有超高收入而已喔。

多數人都表示，他們也很想更進步，但要學習公司許多新產品的專業知識，要閱讀的書太多看不完，看完又忘記，假日參加培訓課時，老師講課都很快又專業，來不及吸收，過 2 天又忘記，這樣很難有效提升自己的程度，上完課後隔天一上班還是老樣子。親愛的讀者，你也有類似的情況嗎？甚至連自己的孩

子在學校讀書、補習也是遇到一樣的狀況。千碩建議大家，不論您現在幾歲、從事什麼行業，都要再學習新的知識技能，以及多閱讀，但最重要的第一步應該是先腦力開發，讓自己頭腦更靈光、看書快十倍、擁有超強的記憶力之後，便可以輕鬆學習與進修，工作效率也會提升。

## 師父領進門、修行在個人

跟老師學習，不只是為了學到他的技術，重點是學習他的思考與觀點，所以老師的專業、品德、授課技巧、內涵很重要，也要看老師過去的實績以及目前的生活型態，通常老師一定是專精於某項領域才會開課，那就去了解他本身是否因為這個專業也讓他生活過得更好，畢竟學生會去學一項技能和專長是為了解決生活中、職場上、人際關係的問題，學得越好，人生越順暢，因此老師應該會比我們把該技術發揮到更好才是。

所以就連千碩我去聽演講、上課時，我也會去問老師：我跟您學習您的專長之後對我的幫助有哪些？如果他說可以解決某個困擾或讓我工作、事業更成功，那我會觀察他是否有因為該技能讓他很成功。若那個老師自己生活都忙得要命，收入也沒有很好，那我跟他學了也有可能會跟他一樣。畢竟，我要爬玉山攻頂，對沒爬過山的人來說算是有點危險，結果請來的登山教練卻是奧運游泳冠軍，也沒爬過玉山，那我只敢跟他在山腳下

泡茶，聊完天就回家了吧！教練的經驗與等級決定選手的表現，所以已經有超過 7000 個學生問我：「千碩老師，您是如何做到年輕退休，環遊世界、健康、自由、越來越年輕、家庭幸福、博學多聞、一年閱讀 300 本書？」我的答案永遠是：以身作則。我反問學員，您們想要擁有我這樣的人生嗎？學員答：我們想擁有。我再問：那您以前學過的課程、教您的老師，他們自己也做到了嗎？學員答：很少，幾乎沒有，或做到的老師年紀已經很大了。我再問：那您這幾年來最常往來的朋友，有人做到了嗎？他們也會教您如何頭腦更聰明、工作有效率、說話有魅力、有創意、速讀、年輕退休、環遊世界嗎？學員答：很少。我回答：這就是以身作則。

因為千碩我自己從小就很想要有幸福的人生、聰明的頭腦、年輕退休的生活、環遊世界，而我愛閱讀、愛旅行、重視健康跟家庭，後來我發現多數人也希望能擁有這種人生，但真的很少有人做得到，也沒有這種老師在開課，於是我想幫助更多人也能做到，既然要開課教別人，當然自己就要以身作則囉。

### 千碩老師教您擁有一輩子賺不完的錢

綜合美國白宮、聯合國報告、矽谷年會、諾貝爾經濟學獎等分析，未來20年～50年各趨勢，以及將延伸出哪些新商機？哪些行業會衝擊導致落寞？哪些行業會生意爆衝？哪一件事和您目前工作有關？哪一件事是您未來目標？請用心撥出多一點時間撰寫、上網查詢、以及到書店分別閱讀相關書籍！未來的您是什麼樣的人、過什麼樣的生活，關鍵在於您現在做了什麼準備！

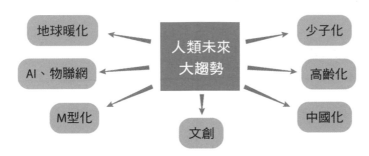

於是我把「幸福人生的法則、工作效率學、創意賺錢術」整理成容易理解的流程來教大家，相信可以讓您省掉很多摸索犯錯的時間。接下來，請您繼續提筆填寫自己有哪三個興趣：

1. _____。

2. _____。

3. _____。

我要把_____興趣再結合上圖中七大趨勢的_____，

變成我的新事業機會，步驟如下：

1. 結合後開始上網查出國內或國外有哪一家企業提供類似的服務與產品？

答案：_____。

2. 我要在7天內，也就是_____年_____月_____日，去拜訪這一家企業。

3. 實際了解、詢問他們的服務項目有哪些？

答案：_____。

4. 查出他們是否有職缺、有在應徵人才？

答案：_____。

5. 該職缺需要的條件？我已具備哪幾個條件？

答案：_____。

6. 我會在1～3個月內，最慢6個月內學會該條件。

7. 我現在就上網查出哪裡可以學？

答案：_____。

8. 待會去書店買3本「該技能」相關的書，並專心徹底讀完。

**學員見證**

千碩老師腦力開發，幫助我目標清楚、快速規劃計畫，有效達成目標！

蘇炯融、趙乃萱、吳羽涵

# 你不理財，財不理你！

唯有足夠的金錢、收入、存款，才有資格讓自己和家人過好生活，以及實現人生各階段夢想。請大家書店回來後，務必要每一天都比昨天的你更努力進修學習，每天「再提早」早起，花個 30 分鐘思考、規劃用更低成本、更短時間就能賺到更多錢的商業模式，製作成各種幸福人生設計圖，告訴自己不應該努力工作，而是「學會」聰明工作、善用創意賺錢，多用腦在理財，多用心在家庭，做到年輕就迷你退休，過自己最理想的生活，享受天倫之樂。我每天都問自己一次：難道不能把退休後想要做的事情、夢想，改成今年就計畫、明年就先執行看看嗎？

相信大家都想要趕緊實現人生夢想，接著請提筆寫下以下內容，先讓自己對金錢有個分配概念：

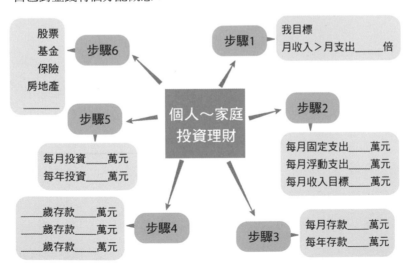

一個國家能有錢，是因為人才多、貢獻大（當然也要有良知）；一個企業能成長、賺錢，也是人才夠多、貢獻大（當然也要有道德），因為所有產品、技術、服務、流程、決策都是人想出來的，做出的品質與效率比其他國家好，比其他企業讚，國家的競爭力自然提升，多數家庭所得就會提高，一環扣一環。

柴契爾夫人曾說過：注意你的思想，它們會變為言語。注意你的言語，它們會變為行動。注意你的行動，它們會變為習慣。注意你的習慣，它們會變為性格。注意你的性格，它會變為你的命運。（Watch your thoughts, for they become words. Watch your words, for they become actions. Watch your actions, for they become habits. Watch your habits, for they become character. Watch your character, for it becomes your destiny.）

以上是一種邏輯思考也是一種聯想，人的任何一個行為都是先在大腦產生思想，你的價值觀是什麼就會產出什麼結果，也就是你的現況，包括：學歷、事業、收入、存款、身材、健康狀態、生活品質、人際關係、家庭……。所以，若想要國家繁榮、你能安然退休，就要有錢，而想要有錢就要「創業成功、工作表現好或正確投資」，這三樣你想選哪一樣？目前全世界有錢人只占總人口 0.2 ％，多數有錢人幾乎是靠創業，此時再繼續聯想，你要如何創業成功？注意！調整好價值觀，你的行為自然往成功方向前進。

# 勤能補拙？太慢了，直接發揮「勤」到最大值

創業成功、實現夢想很簡單，就是讓自己「頭腦更聰明」，而不是靠勞力工作。許多人被「勤能補拙」這四個字給害慘了，以為用多一點時間、勞力（勤）就能補拙，導致多數工程師、高階主管、老闆、業務只會努力工作，收入也許不錯但都很忙，忙到沒空陪家人，然後健康賠給工作，失眠、過勞、癌症、三高、變老、錯過孩子成長期、錯過家人重要節慶，這樣值得嗎？其實只要直接開發腦力更聰明就好了！只要腦力越強，讀書、考試、投資、理財、工作、創業……這些事情就越能輕鬆達成！

用《伊索寓言》最著名的故事「龜兔賽跑」來舉例：首先，這個故事看似不錯，但害慘了多數人。因為從 10 歲左右就被輸入潛意識，認為自己是烏龜，不應該當懶惰的兔子，於是認為只要努力（讀書、工作）不休息，一直爬、一直爬，總有一天會成功抵達目標，也就是期待自己 50 年後，大約 60 幾歲時，便可以有錢有閒、幸福退休、環遊世界。為何多數人抵達不了預期目標？因為科技讓世界變了！變什麼？變快！99 ％的人工作效率太慢、學習太慢，所以錢賺得太慢，沒想到物價房價拉高的速度太快。無法改變環境，只能改變自己，不要再當烏龜了！應該要讓自己成為持續跑很快的兔子！而且不要像故事

裡那樣懶散，反倒要更積極的強化體能及腿力，也就是提升競爭力，怎麼做？多閱讀，大量閱讀，快速閱讀，快速吸收知識、快速執行所學技能。

為什麼全球頂尖人士、有錢人只占總人口 0.2 ％？因為他們從一開始就不認為自己是烏龜，一開始就知道自己是一隻兔子，而且發揮專長以及「勤」，腳程快又勤快的閱讀、勤快的創業，不拖延不浪費時間，不會有藉口。這群兔子接受比較好的教育、學習更強的特殊技能，跟頂尖的老師學習、結交頂尖的朋友，有時還搭上貴人的特快車或飛機，於是便能比烏龜提早達成目標！

從結果來看，有錢人真的想的和你不一樣，也就是價值觀不一樣，也就是「一開始選擇就不一樣」。所以，每個有錢人成為有錢人之前，最重要的是每個月都撥出收入的一小部分「學習、閱讀、進修」，學習提升職場的技能、學習創業的心法，才會有錢提早退休，沒有別的方法了！

# 不要花太多時間在工作上了

「和不喜歡的人一起工作所產生的空虛感，不是還沒注意到，就是裝做不在意。」這對財富、健康有極大傷害，甚至危及你的愛情、婚姻以及跟孩子的關係。有一次我去演講，主題是「培養五大競爭力，擁有年收入千萬的實力」，分享如何提升腦力、善用創意快速提升收入，並且強調不要花太多時間在工作上。事實證明，努力工作的人多數無法事業成功，而少數成功的人卻又賠掉家庭以及健康，因為越是把價值觀放在努力工作，你就會投入越多時間在工作上，結果造成工作忙而沒空談戀愛，戀愛後工作又忙而沒空結婚，結婚後工作還在忙，忙到沒空生小孩，生了小孩後又因為工作忙而沒空陪小孩，孩子長大後就會紈褲爭家產，甚至不孝順。工作忙沒空靜心在家享用健康的三餐，沒空運動，沒空出國旅行，沒空從事興趣，很多人的人生會不幸福，幾乎都是工作時間太長所造成的！

千碩我人生的使命，就是要推廣腦力開發成為國民教育，希望下一代、每個孩子們從小就懂得學習新知很快樂，做事情用心又有效率，長大後也懂得讓工作更有效率，成為一個有價值的人，對社會有高度貢獻。我也給自己一個目標，就是希望能成為國策顧問、教育政策決策者，推動腦力開發成為每個上班族必修的職場技能，當每個上班族工作都能有效率的發揮最大產值，能兼顧好家庭與健康，就創造更高的收入時，他所屬的企

業也會成長，總體經濟就會提升，人人就會更幸福了。

接著，我們來分析，多數人對工作不滿（不論收入高低）的主
要原因是：

1. 和不喜歡的人一起工作所產生的空虛感。
2. 收入不符合需求。
3. 工作環境。
4. 工作內容。
5. 工作時數。

解決方案為：

1. 多閱讀，讓自己專業能力更強，提升在公司的價值，成為
   公司最重要的人，超越那些你不喜歡的人，了解對方（特
   別是老闆）最在意的需求問題，提供資源讓他需要你，也
   就是讓他欠你人情。

2. 分析公司最主要的收入命脈，直接寫出創新方案，可以幫
   助老闆節省多少成本以及在多久期間內將帶來多少的營收
   數字，然後找老闆請益，堅決表明你已準備好可以執行，
   請老闆指點如何做會更好？如果達標與超標的話，可否有
   額外獎金收入來買東西送給家人，而這個家人的角色要跟
   你老闆也在乎的家人角色一樣。

# 一開始就做對的事而不是想把事情做對

若你目前的工作內容不符合你的天賦智能，當然會做得很空虛，所以並不是你能力不好，也不是態度不好，更不是工作不努力，而是沒有發自內心想要動腦把事情做好。為什麼？因為是你一開始就選錯了戰場。建議你：

1. 順從自己的天賦與智能，從事相關領域工作或部門職位。
2. 持續加強自己最強的智能，只在自己熟悉的地盤出沒。
3. 補足自己最弱的智能，不到不熟的領域瞎晃！

當你的程度夠高，就能挑選和你共事的人，當然也要注重自己的修養與品格，並懂得讚賞他人；當你的程度夠高，你就能挑選工作環境與內容，並願意將專長資源幫助別人成長，讓所有同事跟你一國，久了，老闆就會讓你帶領團隊。千碩我教課15 年，特別喜歡研究有錢人，發現一個準則：每個行業程度最高的人，收入都很高，沒看過例外的。所以，不滿意自己收入，先檢討自己程度，而不是期待換老闆和總統。當你的程度夠高，時間成本與收益會從計較價格變成無形價值，便能決定自己一年只想要工作幾天。是的，給自己從今天起一年時間，最多兩年，全力以赴強化自己的智能，將專長鍛鍊到專精，然後創業當老闆，自己決定一年只想工作幾天。

如何讓自己的程度、收入、自由度逐年提升：

1. 多閱讀、聽演講，進修跟你天賦智能相關的行業知識。

2. 跟程度比自己好的人多往來請益。

3. 把不符合自己擅長的事盡量授權、外包。

4. 將多出來的自由時間找程度比自己好的人合作。

5. 用心鑽研投資理財。

6. 將創業、合作賺到的錢，扣除家計與退休存款金之後，再分兩份，一份投資固定回報的標的，一份投資高風險高報酬標的（或是 80 ％比 20 ％）。

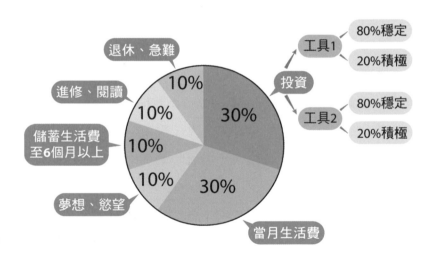

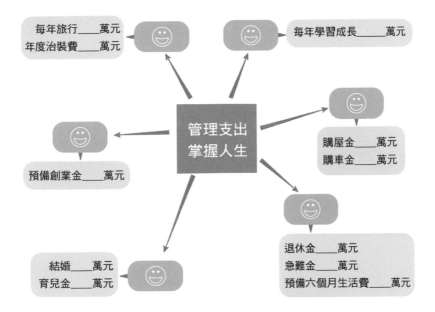

每年旅行＿＿＿萬元
年度治裝費＿＿＿萬元

每年學習成長＿＿＿＿萬元

管理支出
掌握人生

購屋金＿＿＿萬元
購車金＿＿＿萬元

預備創業金＿＿＿萬元

退休金＿＿＿萬元
急難金＿＿＿萬元
預備六個月生活費＿＿＿萬元

結婚＿＿＿萬元
育兒金＿＿＿萬元

## ◆ 我值得過最理想的生活

盡情發揮想像力，寫下（或畫插圖）一整天進行哪些活動，讓自己最幸福。

# Chapter 3

# 迷你退休

「一切都等退休了以後再說吧！」
不斷延後真正想過的人生，
是你想要的嗎？

退休
# 讓人既期待又怕受傷害

退休，對某些人來說可能是現在進行式，對某些人而言卻可能是遙遙無期的幻想，因為多數的人正在職場的跑道上盲目狂奔，總是延後想去的旅行、放棄最愛的興趣、犧牲陪伴孩子的時間、忘了關懷另一半、沒有選擇真正喜歡的工作，年輕應打拼工作到老、延後人生夢想的傳統觀念，深深影響許多人。

從小到大，爺爺奶奶、父母就以「人活著要努力工作、要先拼個大事業、賺大錢」的觀念灌輸孩子，造成大部分的人認為所有的享樂、夢想都應該要等賺到足夠的錢才能開始，大半輩子為公司賣命，犧牲奉獻工作了幾十年，在不同職場中扮演不同角色，期許自己屆齡退休時能快樂逍遙、安養晚年，擁有富足的退休生活。然而真的到了退休「年齡」的時候，卻會發生以下狀況：

1. 錢還是不夠用（生活費、醫療費、旅遊費）。
2. 有錢卻很無聊。
3. 有錢卻生病。
4. 有錢但沒體力、眼力和腿力。
5. 有錢卻沒家人。
6. 有錢卻沒朋友。

這是因為等到數十年後退休時，社會已經變得和現在有很大的不同，而且是你目前所無法想像的，所以沒有做正確的心理準備。當一個人 65 歲還沒有足夠存款，卻被政府規範強制退休時，「突然」間空閒的時間暴增、固定收入減少或中斷、身體狀況變差，許多年輕時的想像都將破滅。所以，真的要「現在」開始認真思考與規劃未來退休生活之「細節」，方可各方面一一調整在正軌上，千萬不要等到快老了，或已經老了才來煩惱，可就為時已晚。

如何解決與提早預防退休後可能面臨的問題：

1. 真的要讓自己有本錢：務必從現在年輕時，認真「學習」怎麼賺錢，而不是努力工作啊！

2. 讓自己不無聊：從今天起開始培養多元興趣，多交往幾個知己，從年輕的到長輩都要。

3. 讓自己更健康：睡眠充足、心情愉悅、有氧運動、有機飲食。

4. 若家人已經離異、上天堂了當然就沒辦法，但有些人明明家人還活著，自己卻還覺得孤獨寂寞，這類型的人個性、EQ、生活習慣都要檢討，不然為何你有錢，家人卻不想和你往來，若你老了又沒錢、個性又討厭，那更沒人想陪你。

5. 有錢卻沒朋友：跟上述一樣，人是有自尊的，當你只能用錢才買得到朋友，通常這些人也不是真心往來。再者，關

鍵不是你有沒有錢而決定有沒有辦法交到良師益友，重點
是你有沒有教養跟價值。

醫療與科技的進步，我們這一代的人類壽命將可逐漸延長到
100 歲～120 歲，因此你我 65 歲退休後可能還有 35 年的退休
生活，也就是說西元 1980 年左右出生的人，當你 100 歲時是
西元 2080 年，你能想像 2080 年的地球會是什麼樣的場景嗎？
很快的，2025 年左右，全世界的先進國家就會有「飛天汽
車」、「個人簡易直升機」，將有成千上萬無人駕駛的新能源
汽車、無人超商、無人飯店、無人餐廳、無人銀行，時速 800
公里的超超快速高鐵，更安全的人造器官移植，智慧型機器
人，一支手機或手錶或一張臉就能搞定生活中多數交易，那
2080 年呢？到時候的人類（或是 100 歲老人，就是你）究竟
是工作會更輕鬆就能賺到錢，還是所有生活開銷、物價更高，
但工作機會卻越來越少，沒收入還賺不到錢，真是太可怕了！
（若你沒生小孩可奉養你，或你 70 歲的兒子也沒工作、沒收
入的話）

不想在年老時無所事事、遊手好閒，到處病痛、找不到工作、
賺不到錢，就要讓自己從「看完黃千碩這本書」開始：養生更
健康、有教養、EQ 好、健談、幽默、有 5～10 種興趣，每年
持續進修新技能讓自己有價值，學習腦力開發讓自己更聰明更

會賺錢，平常省點錢花、多閱讀、多旅行，做點多用腦的工作以免失智痴呆，平常多陪家人與知己。

有些人會想說：「好吧，那等我退休後，要去鄉下或國外長住，享受 long stay 的清靜。」時光飛逝，65 歲終於到來，退休夢想開始啟動，YA！因為還可以活 35 年，想說終於可以好好 long stay 了，結果 stay 不到一個月，無聊到發慌，度日如年，各種可以打發時間的活動已經玩到膩，也在腦海裡預演 10 幾回合。奇怪了，從 20 歲到 65 歲的工作期明明有 40 年，怎麼感覺人生過好快，但為什麼我來 long stay 才 1 個月，卻感覺過 4 年（因為太無聊），天啊，還要活 34 年又 11 個月！

哈哈哈，各位笑完後請冷靜聽我說，許多人不退休沒事，一退休馬上老，老很快，非常快，而且得失智症的機率高到嚇人：依據國際失智症協會（ADI）資料，2018 年全球新增 1 千萬名失智症患者，平均每 3 秒就有一人罹患失智症。2018 年全球失智症人口推估有 5 千萬人，到了 2050 年人數將高達 1 億 5200 萬人。2018 年花費在失智症的照護成本為 1 兆美元，到了 2030 年將倍增為 2 兆美元。在台灣，每 13 人就有一人罹患失智症，這是全世界最可怕的文明病，比癌症還可怕，且五年內有 8 成的人會升天。我去過，真的不好玩。

人活著要有目標，並且是有點挑戰、有點困難的目標，困難度

稍微高過於自己目前的程度，這樣才會有生存的動力，才會動腦去思考要如何達成，然後會去學習，找人交流、一起研究如何更好，學完後最好參加比賽，挑戰權威 PK 第一名。

一群不缺錢的老人若完全沒有共同目標，純粹約碰面閒聊，沒個 2 年，這種退休人士最容易失智＋快速升火，喔，不是升火，是升天，又不是在烤肉。另外，也有人會說：「雖然現在年輕時或中年時很苦，都在工作，但等退休後，我要去歐洲學服裝設計、看遍所有博物館、爬馬特洪峰。」結果呢，真的等到 65 歲退休時，歐洲沒力氣去了，只能在家出一張嘴罵政治新聞時邊吃碗廣東粥。不是只有工作需要用到勞力、體力、腦力、眼力，人類要學新的技術、培養新的興趣，出國玩、旅行要用到的勞力、體力、腦力、眼力也不少。因此，為了您的父母親以及為了自己著想，人生及退休夢想要及早規劃，如何做到呢？請繼續往下看，由千碩我為您解答。

學員見證

千碩老師腦力開發讓我將夢想與興趣結合，成為有價值的人！

吳淑珍、蘇靖淳

迷你退休

# 帶你超越時空、巔覆生命觀

讓自己每年用一半的時間創造 N 倍的收入，並且快速培養新的興趣，將創意變成好生意，再將自己的 10 個退休夢想，改成平均在這一生每 3 年就執行一個！

請您現在趕快提筆填寫以下內容：

1. 具體寫下此生最想要過的退休生活：＿＿＿＿＿＿＿＿＿＿＿
＿＿＿＿＿＿＿＿＿＿＿＿＿＿＿＿＿＿＿＿＿＿＿＿＿＿＿＿＿。

2. 再寫下退休後最想要完成的「10 個夢想」，寫完後再將這些夢想依照難易度（由簡單開始）重新排列：

(1)＿＿＿＿＿＿＿＿＿＿＿＿＿＿＿＿＿＿＿＿＿＿＿＿＿＿＿。

(2)＿＿＿＿＿＿＿＿＿＿＿＿＿＿＿＿＿＿＿＿＿＿＿＿＿＿＿。

(3)＿＿＿＿＿＿＿＿＿＿＿＿＿＿＿＿＿＿＿＿＿＿＿＿＿＿＿。

(4)＿＿＿＿＿＿＿＿＿＿＿＿＿＿＿＿＿＿＿＿＿＿＿＿＿＿＿。

(5)＿＿＿＿＿＿＿＿＿＿＿＿＿＿＿＿＿＿＿＿＿＿＿＿＿＿＿。

(6)＿＿＿＿＿＿＿＿＿＿＿＿＿＿＿＿＿＿＿＿＿＿＿＿＿＿＿。

(7)＿＿＿＿＿＿＿＿＿＿＿＿＿＿＿＿＿＿＿＿＿＿＿＿＿＿＿。

    (8)＿＿＿＿＿＿＿＿＿＿＿＿＿＿＿＿＿＿＿＿＿＿。

    (9)＿＿＿＿＿＿＿＿＿＿＿＿＿＿＿＿＿＿＿＿＿＿。

    ⑽＿＿＿＿＿＿＿＿＿＿＿＿＿＿＿＿＿＿＿＿＿＿。

3. 希望自己幾歲退休？＿＿＿＿＿＿＿＿＿＿＿＿＿＿＿。

4. 現在西元幾年？目前幾歲？＿＿＿＿＿＿＿＿＿＿＿＿。

5. 還有幾年後就會到你希望的退休年齡？＿＿＿＿＿＿＿。

6. 將第 5 點的數字除以 10，即為迷你退休的魔術數字。

7. 太棒了！開始進行迷你退休！上面推算出的魔術數字就是
   每＿＿＿＿＿＿年你就要去實踐一個退休夢想。

8. 先從最簡單的第一個夢想開始，千碩老師待會帶您規劃。

◆ 預知自己未來，立即體驗夢想。

這樣的做法有 2 個好處：

1. 避免年輕時幻想了許多退休生活，結果最後到 65 歲時卻沒有能力做到，造成遺憾。

2. 有些夢想到了退休時才去做，結果才發現其實沒那麼好玩，也很遺憾。

透過以上的 8 大步驟，將退休的 10 大夢想平均分配在一生執行，每幾年就「執行」一個，現在先別預設說到時候是否能完全實現，而是務必要「執行」該夢想，累積經驗，不是全部囤積到屆齡退休那一天才開始去實現。

舉例來說，A 有 10 個退休夢想，結果等到 65 歲退休時，沒有足夠的金錢、體力、腦力可以實現，或是他有能力實現 10 個夢想，沒想到實現到第 2 個夢想時，卻只活到 68 歲就升天了，殘念！而 B（希望就是讀者你）一樣擁有 10 個退休夢想，原本希望 65 歲退休時再去一一實現，但學習了千碩老師的「迷你退休」後，改成每 3 年就認真執行一個退休夢想，假如執行後非常滿意，有達到當時的設定值，就讓這個夢想成為最美的回憶，等數十年後 65 歲時，若想要再做第二次也可以。接著，繼續回到正常生活，期待 3 年後進行第 2 個迷你退休的夢想，當然，極有可能您會將第 1 個退休夢想所遇到的人事物，以及新興趣結合在工作上，讓工作充滿更多樂趣。

假設，以此類推到第 5 個迷你退休夢想時（距今已經過了 15
年），到時候您從事的行業可能已經和今天截然不同，但未來
的您會比今天活得更快樂，因為您一直在做最喜歡的事，然後
從中找到新商機、新人脈後，每 3 年整合一次，15 年來共整
合 5 次，你的本業、副業或第二副業的人脈與收入，將會不斷
互相串連。反之，若您進行第 2 個迷你退休夢想時，發現這個
夢想沒有 6 年前規劃時所想像的好玩，那也沒關係，甚至要恭
喜你自己，至少不用等到未來 65 歲時才發現，原來自己年輕
時的這個夢想沒有這麼迷人。

「迷你退休」的精神就是：與其計畫活到 65 歲時，再好好地
把一生都玩回來，但你能保證活到那時候嗎？你能保證到時候
有體力做嗎？你能保證到時候退休金可以一毛不差的拿到嗎？
你能保證親友還活著嗎？你能保證那些夢想到 65 歲時還這麼
好玩嗎？根據自己的年紀與退休規劃，計算魔術數字後就全力
以赴工作賺錢，2～3 年後實現一個迷你退休夢想的目標明確，
所以肯定會開始不亂花錢了，接著再善用千碩老師的創意賺錢
術，讓你更有本錢去實現夢想！

趁現在還年輕，每 3 年或每 5 年就「迷你退休」1～3 個月，讓
自己在年輕時用平均一生、跳島式的方式，嘗試年老後的退休
生活與夢想，訓練自己對時間的重視，對生命的重視，以及家

人能和你一起完成夢想的感動。每一次的迷你退休都會因為短時間的充電與放鬆，回到現實生活後反而更具動力與衝勁，不論哪一次的退休生活，都是美好的、有趣的，甚至有挫折也沒關係，短暫離開你的工作，讓身心靈完全放鬆，釋放靈魂，創造 N 次的第二人生，保證一生沒有遺憾！

傳統上，多數人認為一生的順序為：出生、就學、畢業、從事喜歡或無聊或厭惡的工作（期間可能會換工作）、結婚、生子、（可能會創業）、然後工作到 60～70 歲左右退休、接著用餘生去做自己想要做的事或去實現夢想（或做不到）、最後養老、臨終、上天堂。這是多數人認命的公式，大部分的人不是很喜歡，但又不知該如何改變。為了幫助更多人幸福快樂，千碩我以身作則，修身齊家，親自示範如何做到年輕退休後，再用無數個夜晚，徹夜未眠地撰寫這本《迷你退休樂活手冊》，寫書需要長時間搜集海量資料，思考出重點後再重新組織，撰寫成讀者容易理解的閱讀動線，也因為要一直看電腦打字，常常讓自己哭紅了眼，坐到全身痠痛，但過程中不斷地將愛與祝福灌輸在本書中，期盼大家能夠詳讀全書細節，特別是以下步驟，肯定能改變您的一生：

1. 人活著只做自己喜歡的事、只和喜歡你的人往來、一次只要做好一件事就夠了。
2. 現在的工作與生活中，哪一部分你喜歡的，就盡力投入多

一點時間在上面，並提升自己的價值，然後把不喜歡的部分，盡量斷捨離，外包、授權、放下。

3. 從事符合自己天賦智能的工作，而不是選擇別人說很好賺錢的工作，並且把此當成事業跳板，用心用愛的學習、執行所有過程。

4. 下班與假日時培養一個興趣並鑽研成第二專長，此興趣專長能結合你的工作，也可以另外構思出一個商業模式，讓自己在假日時微創業，使收入持續增加。

5. 承上述，也就是即日起不要浪費每天的零碎時間在滑手機或發呆，而是身上隨時有 2 本書可閱讀，一本是《迷你退休樂活手冊》用來複習並提醒自己，第二本書則是本週到下週工作上急需處理某個問題的相關領域的書。

6. 目前的你，今天是你此生最年輕的時刻，明年的今天就又老了一歲，所以請趁今天到今年底是最年輕的狀態時，也是腦力與體力最好的時候，不要再瞎晃看廢文聊廢話，請把工作之餘的時間陪伴家人用餐、運動，把全部時間用來學習今年工作上最急需提升的技能，執行各種可以讓自己成為行業頂尖人士的活動。

7. 多研讀「創意、創新、創業」的方法、技巧，將微創業的某些工作流程結合科技或找人合作，藉此騰出一些自由時間，收入也會增加。

8. 維持自己最佳的精氣神、外表、容貌、整潔、禮貌、穿著

品質、言行良善，少吃或不吃垃圾食物與飲料，盡量選擇天然、有機的飲食方式，多微笑，充分感恩。

9. 具體寫下 65 歲退休後最想實現的 10 個夢想。

10. 不要等到年老時才想要逐步實現這 10 個退休夢想。

11. 馬上提筆規劃每 2～3 年迷你退休一次，初期退休先休息 1～3 個月試試。

12. 確定好第一個迷你退休要執行的夢想內容與預算，把夢想的圖片與計畫放在床邊，每天睡前、睡醒都複習，想像達成的畫面與喜悅，對明天充滿希望與感恩。

13. 即日起告訴自己，工作賺錢就是要用來實現 2 年後第一個退休夢想，所以除了必要的生活費支出，其他能省則省、能存則存，小額投資自己的知識、技能、競爭力，學習如何賺更多錢的能力。

14. 告訴家人、知己、千碩老師，你的第一個迷你退休夢想，我們都會支持你、鼓勵你，協助你達成！

15. 每 2 年培養一個新的第二專長，此專長要跟下一次迷你退休的夢想內容有關。

16. 再下下一次的生活與事業會使用到上一次退休過程所累積的資源與人脈。

17. 今天，現在，當下，請你立即寫下健康的生活模式，並要求自己一切以健康為第一考量、家庭優先，致力成為一個愛家的人。

以上，請您再複習研讀 2 次後，再讀下一篇喔，千碩老師祝您心想事成，健康喜樂！

千碩老師的腦力開發可以提升工作效率，讓我朝夢想前進！

黃秋敏、李哲賢、許家琪

**專家分享**

暢銷書《80％求穩、20％求飆，低風險的財富法則》作者　　顏菁羚 Lidia

　　我是綠點財務建築學苑首席財務建築師、二個孩子的母親，也是一個女性創業家，專門從事線上金融財務教育，個人及家庭財務規劃諮詢，幫助許多金融從業人員，找回自己專業價值，可以真心幫助客戶規劃財務藍圖，提升客戶財富的同時還可以獲得收入，不再只是當一個商品推銷員。

　　2016 年 4 月以前，我還在金融證券業，只學會二件事：一是商品知識，二是業績，和同事一樣很少會關心客戶真正的需求，至於客戶後續的風險承受能力、繳款能力等，很少會在乎。但是金融風暴之後，我突然發現：多數金融產業的體制是在製造客戶的問題而不是解決客戶的問題，而每個行業存在的價值都應該是幫助人們的生活過得更美好，每個行業都應該是良心事業，不論金融業、食品業、成衣業、製造業等，都應該本著解決客戶的問題而存在。在這當中，也因為到香港上班 2 年，和老公在台灣與香港二地奔波，常常看不到小孩，有一次大兒子過生日，我跟老公不在台灣，由老公的弟弟跟弟妹買蛋糕來替兒子慶祝，看著FB上小叔發來的照片，再加上小兒子可愛的影片，我跟老公頓時覺得好淒涼。

黃千碩　迷你退休

我們每個月飛來飛去，承受證券業客戶投資賺賠的壓力，薪水雖然很高，但是香港的生活費用也高，不但沒存到錢，又沒參與到小孩的成長。當下默默在心裡決定，一定要脫離這樣的生活。於是花了很多時間，重新學習正統的財務規劃技巧，不但應用在自己身上，也專門為我的客戶們找出真正適合他們自己的理財模式。因為把客戶的錢當成自己的錢在看，所以跟很多客戶變成了好朋友。現在不用被業績追著跑，同時又可以站在客戶的角度提出專業建議，真的很有成就感。

　　我的使命就是使財務規劃變得更有趣和容易執行，並幫助客戶用錢創造他們夢想的生活，免受壓力和對金錢的焦慮，但剛開始創業時感到很迷茫，不知道要如何快速有效的充實自己創業應有的技能，透過友人推薦跟千碩老師學習了腦力開發，讓我茅塞頓開，打通任督二脈，讓我知道自己該如何有效率的學習應該學習的東西，並且將它運用在事業上，透過以人為師的方法，和不同領域的高手學習。千碩老師激發了我的潛能，讓我成為一個女性創業家，有了不同的視野和思維。

千萬不要努力工作

# 專注提升程度成為佼佼者

一個人不論是工作到 60 幾歲退休或是到 70 幾歲退休，相對於死亡升天的年紀都還算很年輕，因此金錢與財富就是我們決定退休的重點指標。物價飆漲的年代，你覺得要存到多少錢才敢退休呢？就算還沒存到你的預設值，但如何過著理想中的美好生活，還能同時有（被動）收入呢？

千碩我非常喜歡看《今周刊》，特別是老謝（謝金河董事長）的觀點真的很厲害，在此跟您分享《今周刊》曾經有一篇主題名為〈45 歲前做對 5 件事才能好命過日子〉中是這麼說的：根據渣打銀行與《今周刊》合作，委託 GO survey 市調中心所做的「好命退休儲備力大調查」，發現 35 歲以上青壯族的退休理財觀念與行為普遍存在明顯缺失，退休生活的想像也偏向悲觀，這群平均月收入 57388 元、平均擁有資產總額 252 萬元的民眾當中，呈現出對自己退休金的理財績效不滿意、目標設定相對偏低、同時信心也低的「三低」現象。從調查結果分析，有 5 成 7 的人不滿意理財績效，而在退休前存夠退休金的信心指數，平均僅有 49.3 分，並有高達 54 ％的受訪者將退休

金目標設定在 1500 萬元以下，其中甚至有 30 ％的受訪者選擇「不到 1000 萬元」。更驚人的是，假設年報酬率高達 10 ％，但仍有 50.1 ％的受訪者在設定的退休年齡前，無法存到 500 萬元，這意味著連「普通退休生活」都難以維持。（文章來源：《今周刊》2016 年 10 月 6 日第 1033 期「財經時事專題」）

大多數人害怕未來退休或即將退休所遭遇的窘境，看到如此驚人的統計數據，再想想銀行存簿裡那微薄的存款，真的要再積極學習如何賺到更多錢。

## 不要什麼事都會一點，只要做好一件事就夠

話說回來，如何在很年輕的時候不依靠父母親的幫忙，完全倚仗自己的能力，就賺到很夠用的錢呢？放眼全世界，富豪都有一個共通點，就是在自己的專業領域裡表現得非常傑出，幾乎都是該領域內的佼佼者。

我們很少會看到某個成功人士的專業技能是「同時」跨越兩個領域，又能同時在這兩個領域裡都非常成功的。成功人士一定都是「先」非常專精於某一項專業，再逐步延伸到第二領域。譬如台灣旅美大聯盟職業棒球好手陳偉殷先生，他就是在棒球運動的領域中做到最頂尖，合約 5 年 8000 萬美金（約 27 億台

幣收入，太強了，華人史上最高收入的體育選手之一）。主
要是因為殷仔擔任投手，所以有如此驚人的收入，但他有辦法
「同時」超越打擊王卡布雷拉嗎？他有必要再花時間把打擊練
到超越卡布雷拉嗎？我想他要練到全球打擊前30強都不容易，
那又如何呢？他在投手界的地位、成就與收入已經是頂尖了。

另外，世界麵包冠軍吳寶春先生則是在製作麵包這項專業領域
裡做到最優秀，真是好吃！但是，我們又可以將麵包的專業細
分為好幾項，譬如聞名全台的三峽金牛角麵包，就只專做牛角
麵包，但他們無法同時做出吳寶春口味的麵包並且超越他；同
理，吳寶春先生也無法在當年研究酒釀桂圓麵包的同時又能製
作出銷量比三峽更好吃的牛角麵包。而在高雄岡山有一間全球
最大的螺絲集團晉禾企業，也是將一個小小的螺絲做到世界第
一名，銷量奪冠！

當一件事情你能夠做到台灣第一或唯一，甚至世界巔峰時，年
收入已成為全球金字塔頂尖之一，賺個幾年且不亂花、認真
存，即可達退休標準。然而，一個人能成為某行業、某領域的
頂尖，也都是將「時間」專注、集中在該項目上，而不會把時
間過於分散在「看八卦、發呆、聊天、無意識滑手機」。甚
至，有些人也誤解了「人脈就是錢脈」這一句話，竟然將下班
與假日時間跑去四處認識很多人，換很多名片，想藉此拓展人

脈，其實這都只是瞎忙一場，因為最寶貴的生命及時間如果分散在各個領域、各種資訊、各種朋友身上，你根本沒時間去專精於某個領域，當什麼都不專精時，每天所認識的新朋友碰面時只能自我介紹後閒聊，對方完全不把你當一回事，而你回家後還認為今天蒐集到的十大現場成功人士的名片可以為你帶來十筆生意？或他們隔天會主動打電話高薪挖角你？不可能就是不可能。甚至是你隔天打電話給他們，搞不好他們都忘了有跟你說過話。

只有掌握某種獨特資源與權力以及成為某個領域的菁英、事業成功的有錢人，才有辦法將新認識的人脈變成錢脈或資源。所以，不用浪費時間認識新朋友，應該是將時間用來精進自己可被利用、合作的價值，如何做？請將全部的時間專注的學一項技能，執行一個領域即可。並且記住最重要的一句話：用心、用心、用心對待一件你眼前最重要的事情，讓自己成為自己的貴人。

## 做自己的貴人

以下是發生在美國的一個真實故事：一個風雨交加的夜晚，一對老夫婦走進旅館，想要住宿一晚。無奈飯店的夜班服務生說：「抱歉，房間已經被團體訂滿了。若是平常，我會送二位到別的旅館，可是我無法想像你們要再次置身於風雨中，你們

何不待在我的房間呢？它雖然不是豪華的套房，但還蠻乾淨的，因為我要值班，我可以待在辦公室休息。」這位年輕人很誠懇的提出這個建議，老夫婦大方接受了，並對造成服務生的不便致歉。隔天，老先生要前去結帳時，這位服務生依然親切的說：「昨天您住的房間並不是飯店的客房，所以我不會收您的錢，也希望您與夫人昨晚睡得安穩！」老先生點頭稱讚：「你是每個旅館老闆夢寐以求的員工，或許改天我可以幫你蓋棟旅館。」

幾年後，服務生收到一位先生寄來的掛號信，信中說了那個風雨夜晚所發生的事，另外還附一張邀請函和一張紐約的來回機票，邀請他到紐約一遊。在抵達曼哈頓幾天後，服務生在矗立著一棟華麗新大樓的路口遇到這位老先生，老先生說：「這是我為你蓋的旅館，希望你來為我經營，記得嗎？」這位服務生驚奇莫名，說話突然變得結結巴巴：「你是不是有什麼條件？你為什麼選擇我呢？你到底是誰？」「我叫做威廉・阿斯特（William Waldorf Astor），我沒有任何條件，我說過，你正是我夢寐以求的員工。」這棟旅館就是 Waldorf 華爾道夫飯店，這家飯店在 1931 年啟用，象徵著紐約極致尊榮的地位，也是各國高層政要造訪紐約時下榻的首選。當時接下這份工作的服務生就是喬治・波特（George Boldt），一位奠定華爾道夫世紀地位的推手。

是什麼原因讓這位服務生改變了生涯的命運？毋庸置疑，是他遇到了「貴人」，可是如果當天晚上是另外一位服務生當班，會有一樣的結果嗎？人間充滿著許許多多的因緣，每一段際遇都可能將自己推向另一個高峰，不要輕忽任何一個人，不要疏忽任何一個可以助人的機會！只要你已經明確某件事是你的目標、任務、職責的話，那就盡可能的將細節做到完善，熱情對待和此事相關的人，培養競爭力，提升親和力！你，就是你自己最重要的貴人。

有句話說：「師父領進門，修行在個人。」只要找到人生熱情所在，就會迫不及待的學習相關知識，然後會發現那是永無止盡而且浩瀚無邊，越學越開心，每天都去執行夢想計畫，就算只前進一小步也行，因為老子道德經提到：千里之行，始於足下。除了工作、陪家人、吃飯、運動、睡覺、洗澡以外的所有時間都用在進修與閱讀，不用 1 年，你就超越過去的自己，2 年時間就能贏過多數的人，若再加上有腦力開發的話，3 年就能達到巔峰，接著只要再用 5 年時間就可以賺到許多人 50 年的收入。

當你投入時間在學習、在執行計畫時，若看到其他人在 FB 分享去哪逛街、喝下午茶聊天，肯定會很吃味，然而成功者最重要的就是自律！堅持到成功為止！此時一定要不停地告訴自

己：我以後一定會更有成就，要玩就玩大的。當然，如果你一開始就關掉手機，少看和你正在學習的技能無關的事物，就不會被誘惑，不用跟惡魔拔河。

# 對的環境，決定未來的出路

孔子曰：「為學譬如為山，未成一簣；止，吾止也。譬如平地，雖覆一簣；進，吾往也。」白話文的意思就是說：「學習好比用土石堆一座山，山沒有堆成，只差一筐土而已，卻停下來前功盡棄，這是我自己停止的啊！為學又如同填平窪地，雖然只倒下一筐土，但繼續往下倒，終究可以把它填平，這是我自己努力去填平窪地，才能完成的啊！」只做自己喜歡的工作，徹底做到好，持之以恆，直到成功為止，千碩老師相信你一定可以！

喜歡的事就要拿來當飯吃，工作做得好、事業成功，可以帶給人成就感與財富；反之，工作表現不好、事業失敗的人，身心靈都很難健康。人的一生每天都要用到錢，除非從出生到上天堂，你的每一分錢都有人幫忙出，否則人活著就是要工作以賺取收入，還沒看過有誰可以一輩子不用工作卻有收入，然後還可以同時活得很有尊嚴。既然工作這個行為可能會占據我們一生、一年、一個月、一週多數的時光，所以工作一定要做自己喜歡的，不喜歡就換，換到喜歡為止，因為多數的成功人士、

富豪都是從事自己喜歡的工作。但千碩我要再次強調：

1. 若是因為工作「內容」你不喜歡，要換新工作之前請先思考，是不是因為你對內容、流程、專業知識不熟悉，於是表現不好被老闆嫌，那自己有沒有在下班時主動去研讀、練習該技巧。

2. 若是因為工作內容你喜歡，但你不喜歡一起工作的同事、主管、老闆，那要換工作前也請思考，每個人都有缺點與自己的習慣，你也不例外，也許別人也是不喜歡你，但人家懂得包容你，可以和你相處，是你自己無法和他人相處。所以，學習提升人際關係，多微笑、樂於助人、不批評、不抱怨、具體讚美他人的良好表現。

3. 若是工作內容你喜歡，辦公室人際關係也處理得很好，雖然還不是萬人迷，但至少也是百人迷，就偏偏「薪水」讓你不喜歡、不能接受，所以想換工作，那也OK，趕快換。只是在換之前又再思考一下，你是否已經成為全公司或部門裡，最重要、最有產值的人？如果是，那你的薪水應該不少，有可能是你自己平常花太多錢了，如果你對老闆而言很重要，但薪水真的不高，就表示老闆太小氣了，建議你直接找他請益，表示你的想法，並在會談的同時又再提出1～3個可以提升公司營收的好點子，若你都這麼做了，老闆還是不想調高你薪水，那建議你就換工作吧，畢竟你已是這家公司裡大家公認表現最好的員工，結果薪水還是

不多，能力這麼好的人，肯定可以到同行那談出更好薪資的！或是在你要換工作前，歡迎來找千碩老師我，讓我了解一下為何有一個員工已是某公司扛壩子，結果薪水還不高，為了懲罰你老闆的小氣，也許你有機會被我高薪挖角，只要你的專長符合我公司的需求。

4. 承上幾點，若你想換工作的原因是不滿意薪水，但你卻還不是公司部門裡最重要的人，此時你就應該在工作時更用心，下班時多去進修專業技能，讓自己更有價值。

5. 最後，若你喜歡目前的公司、工作內容、人際也 OK、競爭力也高，薪水也接受，但你還是想換工作的話，我想你應該是有「創業家」DNA 了，此時可認真思考，與其換工作，不妨先寫下創業計畫，然後來找千碩老師我交流，若我覺得你的特質與創業計畫適合創業大於換工作的話，我是會鼓勵你創業的，甚至和我一起合作，助你提高成功機會！加油！

本書就是要鼓勵讀者您：年輕退休、提早退休、迷你退休，去實現自己的夢想，所以最好是在看完這本書之後，未來 5 年的收入能越高越好（每月收入減掉支出後還能餘 10 倍），並且工作時間越來越少。放心，有我在，你一定可以做到！請務必認真把此書讀完 3 次喔～

喜歡的事就要拿來當飯吃、工作做得好、事業成功，可以帶給人成就感與財富；反之，工作表現不好、事業失敗的人，身心靈都很難健康。人的一生每天都要用到上天幫你出，否則人活著就是要工作賺錢，除非你家人從事個有收入的、工作這個行為也會占據我們一生、一年、一個月、一週多數的時光，所以工作一定要做自己喜歡的，因為多數的成功人士、富豪都是從事自己喜歡的工作。

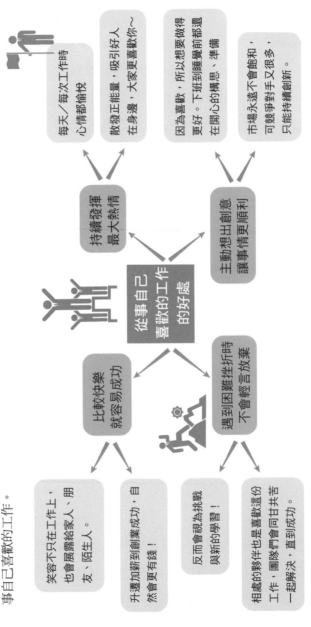

從事自己喜歡的工作的好處

持續發揮最大熱情
- 每天／每次工作時心情都愉悅
- 散發正能量，吸引好人在身邊，大家更喜歡你～

主動想出創意讓事情更順利
- 因為喜歡，所以想要做得更好。下班到睡覺前都還在開心的構思、準備
- 市場永遠不會飽和，可競爭對手又很多，只能持續創新。

比較快樂就容易成功
- 笑容不只在工作上，也會展露給家人、朋友、陌生人。
- 升遷加薪到創業成功、自然會更有錢！

遇到困難挫折時不會輕言放棄
- 反而會視為挑戰與新的學習！
- 相處的夥伴也是喜歡這份工作，團隊們會同甘共苦一起解決、直到成功。

當我們專心一致的學習，等於開始精進自己的專業，與其萬事通卻無一精通，不如在某個特定領域提高自身價值；與其多方下注分散風險去寫下一長串的履歷表，還不如交出一頁亮眼又輝煌的成績單，把某件事做出世界級 top one 的等級，遠遠勝過可以做好一百件事。不要以為前面 1 年的認真鑽研、後面工作 3 年的時間看起來很長，只要觀察公司資深的同事主管，若他們在同一間公司工作超過 4 年，甚至 10 年，但生活品質沒什麼太大改變，沒被升遷加薪，也沒被高薪挖角，表示他對公司沒有創造新的產值，你只要問他們下班與假日多數在做什麼？答案肯定是回家放空、上網、看電視、閒逛。又或者是你身邊也許有朋友一年換 3、5 個老闆，沒有一間公司是他可以待得住的，這絕對「不是」因為他能力太好，可以在一年內被挖角或高薪跳槽數次，而是個性與態度有問題，絕對是個不用腦、不愛閱讀的人。

**學員見證**

老師腦力開發開啟我的想像力，讓我的人生有更多啟發與目標！

楊一璿、沈佩怡、陳季涵

本章節「迷你退休」很重要的概念，就是想要年輕退休的慾望或想在 3 年後實現第一次的迷你退休夢想，那第一步關鍵就在今年，要先從事喜歡的行業、工作、職位，白天全力以赴做

事，和老闆關係良好，然後下班專注大量的閱讀進修，讓自己幾個月內成為公司最重要的人，2 年內成為行業的佼佼者，如此老闆就會為你升遷加薪，每季再提供獎金，甚至被同行更高薪挖角，接著 3 年後去創業，便可以在 3～5 年內輕鬆存到一筆退休夢想金，去實現你的「迷你退休」夢想。

這樣子做，大腦會每天很明確的知道：今天，應該去哪裡？跟誰碰面？做什麼事？說什麼話？這 4 個答案對我的家庭、健康、收入、以及 3 年後的迷你退休夢想生活有直接關係嗎？如此一來，就會一直良性循環。像千碩我執行 13 年了，工作時間越來越少、收入越來越多，夢想實現越來越快又輕鬆。祝福您也能成功喔，繼續往下練習，加油！

首先，來看您是屬於哪一個象限：

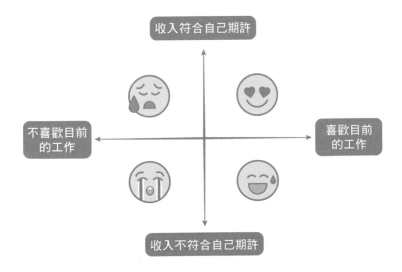

暢銷書《我在星巴克喝咖啡 用 notebook 上網賺百萬》作者 　邱閔渝老師

　　邱閔渝老師年輕時在父親的北京工廠幫忙，原本還算順利經營，沒想到北京舉辦奧運，所有原物料上漲 3 倍，讓父親經營的事業越來越辛苦，還要一直看廠商、客戶甚至是政府的臉色，最後只好賣掉公司回台灣找工作。無意間看到一本書分享透過網路將自己的知識提供給客戶，讓客戶自動來找你並且獲得收入，想想有道理又不用時常奔波勞碌，於是他就興起一個創業概念：在網路上教別人如何在網路上創業。

　　一開始先幫助有實體商品的小老闆在網路上銷售，後來想說應該要多幫助一般上班族也能在網路上創業（斜槓副業兼差），逐漸做出成效後，讓他發現創業的收入的確比上班好，時間也較為彈性。這樣偶然的開始，但一做就是 8 年，並且成為最有成就感的事業，因為當有更多人需要你的時候，代表你擁有更高的存在價值。

　　建議《迷你退休樂活手冊》的讀者們可先找出最適合自己的行事風格，再定位自己在（網路）創業時要給他人留下的印象。風格定位可以分為以下五種：

1. 好人型：擅長觀察社會事件的是非端倪，並樂意、喜好在朋友圈裡以見義勇為、路見不平的方式做評論，自己也是某個生活習慣中的好典範。

2. 研究員型：喜好進修、聽演講、上課、閱讀，消化理解後很喜歡將知識分享給朋友。

3. 專家型：本身就是某一個領域的長期工作者，又把同一個領域的多數所有專家的知識彙整出差異化。

4. 導演型：背後操盤者，擅長編劇、想劇情、寫劇本、資源整合，先找某一個主題並找出相關人事物，製作成影片或連續型文章，然後介紹知識型內容給目標客戶。

5. 主持人型：可以和不同行業、領域的人互搭，專門訪談讓對方答，自己則是非常善於互動。

預祝大家能樂在工作、樂在生活，成為一個有價值的人！

國際觀、世界觀

人際關係

哈佛大學、麥肯錫、高盛
頂尖成功人士
的基本功

每天展現
最佳成果

淬煉自我

快速學習、大量閱讀、創新思考、溝通表達、情緒管理
目標設立、時間管理、生涯規劃、語言能力、旅居海外
投資理財、創業精神、專注當下、接受挑戰、行事效率

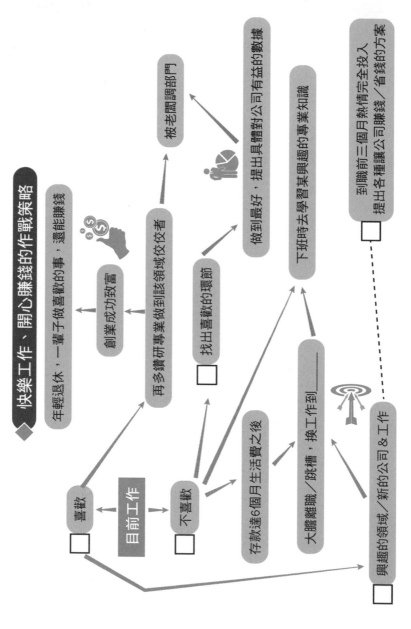

快樂工作、開心賺錢的作戰策略

年輕退休，一輩子做喜歡的事，還能賺錢

創業成功致富

再多鑽研專業做到該領域佼佼者

被老闆調部門

找出喜歡的環節

做到最好，提出具體對公司有益的數據

下班時去學習某某興趣的專業知識

到職前三個月熱情完全投入
提出各種讓公司賺錢／省錢的方案

目前工作

喜歡

不喜歡

存款達6個月生活費之後

大膽離職／跳槽，換工作到____

興趣的領域／新的公司＆工作

# 不要再為老闆賣命了

為了自己的家庭、健康與夢想，不要再想「花長時間工作，為老闆賣命了！」老闆不會在乎努力工作的員工，只會加薪給產值最高的人才，甚至用股份邀您共創大業！所以，下班與假日時間應該要用來進修與學習，培養自己將來能創業的新技能，或者是去培養第二專長，有助於未來換到更好的新戰場。而新戰場不見得是和老闆拆台對立，反而是讓老闆成為股東、投資人。

中國大陸知名數學家華羅庚曾經說過：「時間是由分秒積成的，善於利用零星時間的人，才會做出更大的成績來。」因為你的時間很寶貴，要用來享受生命、陪家人，所以就要提高自己的含金量，如此一來，便可以就價值和老闆談合作，讓他知道你的時間也很寶貴，為何他會認同你，甚至相信你的時間跟他一樣貴？關鍵在只要會一項最強的專長價值，來滿足他公司最需要又最不足的地方、部門、收入來源，當你程度高到可以影響他，並且提出創業計畫，可以創造更大產值時，他心裡自然會想：與其讓你出去創業，不如投資你，當你股東，或將此部門獨立出去開子公司，讓你當我股東。

## 選擇比努力重要

我們目前的生活水平都是靠著幾年前的程度所累積而來，若希

望明年到未來，生活各方面更進步更好，勢必要在今年、每一年都要再學習、再創新，也就是「提升自己的程度」。努力讀書與努力工作只會累垮自己，我也在本書中學到人真的要懂得發揮自己的才華，將自己與孩子擺對位置，也就是做最擅長的工作、從事最有熱情的行業。千碩我鼓勵大家多一點時間在學習及閱讀，不是要你跟別人比成就，而是希望你將來能擁有選擇權，能選擇自己認為有意義的工作、選擇工作時間，而不是被迫謀生。但只有程度越好的人，才有資格選擇自己想要的工作內容與環境，如果想要每一年的程度都提升，唯一的方法就是「閱讀、進修、創新、實踐、修正」，當工作在自己的心中有意義，就有成就感。

當你不用為了工作而妥協自己的時間，不被剝奪生活節奏，就會過得有尊嚴；當逐步成為某個行業的頂尖人士或佼佼者，財富收入就會持續湧入。希望各位永遠記得：健康優先、家庭第一、有成就感、有尊嚴、有足夠的財富、有能力幫助他人、充實簡單的生活，以上七項會帶給您真正幸福與快樂，這就是學習的意義。學會創新的商業模式後創業，讓利授權，增加更多財富，再學會提升效率，花少一點時間在工作，多一點生命在自己和家庭，用來閱讀、親近大自然、沉思、環遊世界、培養藝術美學、運動、烹飪、創作。

人生每天都有選擇的機會，沒有對錯之分，只有接受與否。若您很滿意目前的工作環境、工作時數、收入、生活品質等，這是因為您在 3 年前做了某個決定累積至今；若不是很滿意，或是想要更好，很簡單，只要提升頭腦、改變思考，因為大腦裝了哪些知識，就會選擇哪一類工作、職位，進而決定生活品質；選擇和哪一類朋友往來，價值觀也會變得和他們一樣。簡單的說，自己是什麼程度的人，就會過著什麼樣的生活，想要生活過得更好，提升程度自然就會達成。

千碩我之所以工作很輕鬆就可以年輕退休實現夢想，最重要的關鍵有 3 個：

1. 我有腦力開發，所以頭腦很聰明，學知識、學技能、想點子、做事情的速度都很快，省卻很多時間，並且研發出獨特的創意賺錢術，讓自己不用花很多時間就可以收入更多更快。

2. 我在 25 歲前頓悟，規劃迷你退休的概念，就是提早做生涯規劃，方可知道自己的方向目標，不會被他人影響，也比較知道在執行工作或夢想時，遇到哪些困難、如何解決，甚至提早預防。

3. 我在 20 歲、28 歲以及 33 歲時死了很多次，靈魂神遊四海到宇宙，看著外星人在戰爭打鬥，體會到生命萬物的生老病死，回到過去又看到未來，去過地獄也上過天堂，自己

還和小時候的自己同時出現在平行空間裡，也許看見的景象都是夢，但我意識很清楚地在夢裡控制行為，體驗到風、溫度與疼痛感，那是因為有醒回來才會覺得是夢，我相信如果靈魂一直神遊沒回來，一直待在時空裡，就叫真的死亡。所以我凡事盡量看開，放下執念，中庸之道，做得到就盡力，做不到就別勉強，有得到就歸功於運氣好，沒得到就感恩上帝給我寶貴經驗。不比較、不在乎。別人若讚美我，笑笑就好不用放到隔天以免得意忘形；別人若指點我的不是，立即檢討反省。每天最少確認複習三次：自己今生的夢想、今年目標、本月計畫、本週行程、今日活動，然後再問自己如何可以更輕鬆更快樂的達成？也就是說，雖然千碩我不是有錢人，那是因為我不以成為首富為人生目標，而是以年輕退休、心靈富足為樂趣。

以上，本章節「迷你退休」歡迎大家現在翻回去，再複習一次您未來每 N 年要實現的一個退休夢想，並且寫下執行計畫，接著找程度比你好的人一起交流喔！

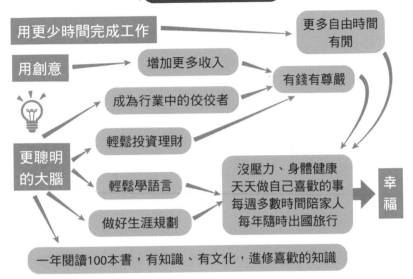

### ◆黃千碩腦力開發

用更少時間完成工作 → 更多自由時間 有閒

用創意 → 增加更多收入

成為行業中的佼佼者 → 有錢有尊嚴

更聰明的大腦 → 輕鬆投資理財

輕鬆學語言

做好生涯規劃 → 沒壓力、身體健康 天天做自己喜歡的事 每週多數時間陪家人 每年隨時出國旅行 → 幸福

一年閱讀100本書，有知識、有文化，進修喜歡的知識

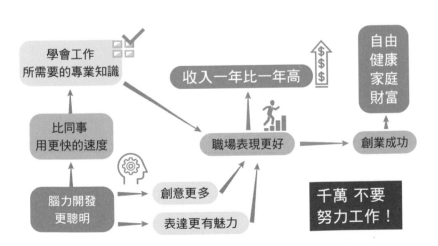

學會工作 所需要的專業知識

收入一年比一年高

自由 健康 家庭 財富

比同事 用更快的速度

職場表現更好 → 創業成功

腦力開發 更聰明 → 創意更多

表達更有魅力

千萬 不要 努力工作！

請寫下本章節，對您的啟發與靈感喔！

# Chapter 4

# 迷你退休的五大關鍵

人生的帳簿，
記錄著愛與被愛，
兩數相加是成就。

## 運用時間

# 決定能否成功致富的唯一關鍵

「人們犧牲了閒暇才得富裕，當富裕帶來唯一令人滿意的自由的時候，我們為了富裕又不得不犧牲閒暇，這種富裕對我有什麼意義呢？沒有精神活動的閒暇是一種死，等於人們活著就被埋葬。」
——辛尼加

相信多數的人都想要在 65 歲起或年老時安然退休，第一個先想到的條件是要有足夠的存款退休金，然後是身體健康，家庭幸福，行動自由，環遊世界，不用再工作，最好每個月還有被動收入。如果可以在 60 歲之前、甚至 40 歲中年時就可以退休，那更是幸福。

不論是年老退休、提早退休、年輕退休，要實現退休夢想，或在年輕時實現各階段的夢想目標，每天都要用到錢：三餐、買房、買車、出國旅行、給父母好的生活與醫療品質、給另一半好的環境、給孩子好的教育，而賺到金錢是要靠時間去創造的，時間也是決定健康、家庭與夢想的關鍵元素，要如何平衡人生？千碩老師我先用下圖與您分享我的幸福人生公式：

每天睡到自然醒、睡眠充足
三餐營養均衡、健康有機
早晨運動、有氧運動、戶外運動
每天心情愉悅、開心感恩

家人溫柔體貼
環境乾淨整潔
安靜方便舒適
東西越少越好
書本越多越好

健康　家庭

每天陪孩子開心放鬆的閱讀
每週去書店、看電影、
SPA、烹飪、旅遊
推廣腦力開發成為國民教育
完成7次環遊世界七大洲
開一間全世界最美的書店

夢想

黃千碩
最理想的生活
平衡圓滿的
幸福人生

有閒

一年工作6個月
一個月工作6天
一年出國玩6次

有錢

食衣住行育樂醫盡量都用高品質
不奢侈不浪費
收入大於支出10倍以上

人生最幸福的狀態不一定是成為名人、大企業家、超級有錢人、有權勢之人，而是達到以下的境界：

1. 健康：每天睡眠充足、每天運動、每天飲食有機均衡、每天心情愉悅。如何做到這四點：有錢、有閒、自律、樂觀。

2. 富裕：從事符合天賦智能的工作、成為有價值的人、行業第一名、創業成功、收入大於支出 10 倍。如何做到：多閱讀、多進修、專注、腦力開發、樂於助人。

3. 自由：團隊合作並讓利授權、提升工作效率、收入大於支出 5〜10 倍，即可逐漸減少工作時間。如何做到：大方點＋聰明點＋有自律的開源節流。

4. 家庭幸福：每個月有一半的時間可以從事已有的興趣，並再嘗試新的興趣，最好有 5〜10 個，每個月每天輪流安排

進行,並且和家人一起同樂。

5. 自我實現、實現夢想:每年帶家人出國旅行,一起創業完成一個艱難而有益社會的任務。如何做到:有錢、有閒、自己要好相處、學習如何創業、熱情、負責、積極、執行力。在職場工作或創業路上,一個人的「敬業態度、自律能力、腦力」務必要比他人好,這樣做什麼行業都會成功。

由此可知,最重要的第一步就是「時間」,時間的應用,或是能選擇將時間用在哪,那麼未來的人生是好是壞,今天就能看出八、九成了!選擇把自己今天的時間放在運動,明天的你會更健康;選擇把明天的時間花在多看一本書,後天的你就會多一份知識;選擇把未來一週的時間多陪伴孩子,親子關係肯定會加分;選擇每個月固定時數進修某一項技能,連續數月後肯定會越來越專業。

**學員見證**

千碩老師腦力開發讓我看書更快,掌握知識做出更好的決策!

陳俊良、楊宜蓁、麥嘉倫

**專家分享**

葳亞娜診所營運副總　吳誌軒

電競產業這幾年開始於全世界萌芽，未來更是人類發展的重大產業之一，但多數青少年玩樂網路遊戲純粹是為了打發時間，或是追求刺激與成就感。

吳誌軒就讀國中時，初期在課業上尚未找到熱情，於是將精力放在網路遊戲，但他會先觀察、分析、研究遊戲方式，了解提高勝率的方法後再去玩，於是他在世紀帝國、紅色警戒、天堂等知名遊戲裡賺取月收入高達新台幣 20 萬元的零用錢（當時他只有 15 歲），從電競遊戲中培養出好奇心、好勝心、企圖心、善於觀察、規劃策略的能力，也成為他日後成功的關鍵本事。

當吳誌軒讀大學時，因為需要靠自己賺取學費來幫忙家中經濟，於是他從事組織行銷的工作，並且認為重視外在形象就是尊重自己與他人，這樣別人才會對你的言行有更高的認同。於是當大學同學都穿休閒服時，吳誌軒反而西裝筆挺、吹整好髮型與充滿親和力的笑容，為了達到內外雙修，更主動要求自己大量閱讀，於是幫助他一步步邁向成功的領導人，收入也都比同儕高很多，還不到 27 歲的他就已經買了千萬豪宅、3 台高級進口跑車且投資醫美診所。

吳誌軒分享自己成功的關鍵能力就是執行力、自律、高度要求。例如他若設定今日目標是要打電話給 40 個人分享自己的事業，不達目標絕不休息；若設定今天要增員 5 個人才進入組織，就要談到成功後才可以睡覺；今天準備了 5 顆手機電池，一定要打給夥伴或客戶講到 5 顆電池沒電，才可以去做休閒的事。

這就是成功者的重要特質：今日所設定的目標，就要立即行動，一定要達成，永不放棄，不找藉口。此外，吳誌軒認為領導團隊時，不要害怕衝突，而是直接面對夥伴所犯的問題，

直接讓夥伴知道哪些行為是對或錯，並要求立即改善。他也鼓勵夥伴要用最貼切自己的人格特質去做事，不應該為了工作而把自己裝成某個人，這樣難以發揮最大潛力。

想要成功，可以多多閱覽成功人士的自傳，先挑 5 個世界名人、5 個與自己行業相關、5 個運動家的自傳開始，時時提醒自己保持謙虛，因為世界上還有很多人比我們更成功，常常勉勵自己要更積極上進，成為行業佼佼者！

# 成功致富、提早退休的「唯一方案」

「茶葉蛋有裂痕才入味，人生有挫折才能享受成功的滋味。」有夢想、肯前進的人，一定會遇到障礙、打擊，因為你在做比目前程度還要困難的事，所以才叫做夢想、才叫做挑戰。如果一個人目前的實力 6 分，而要完成的夢想需要 10 分實力，所以會覺得困難，此時不要有藉口，趕快進修學習該技能就對了！若某人目前的實力 6 分，而每天工作其實只付出 4 分，很容易就完成，不見得是這個人很強，而是因為他只挑簡單的事情做。反之，若某人不是很滿意現在的生活品質與收入，又說現在的工作很簡單，不積極進修提升「實力」，那這個人的成就與格局也就目前這樣，而且未來只會越走越下坡，因為只要一年不進步，地球社會仍不斷進步，等於你退步了。

有挫折沒關係，表示自己還需要進步，重點是「別浪費時間一直在挫折裡」，而是直接找專家、比自己強的人、已經實現夢

想的人，請教他們如何精進實力來突破挫折。所以，時間真的很重要！把時間放在對的地方真的很重要！特別是把時間放在「學習」，是決定一個人能否成功致富的「唯一關鍵」答案。台灣最受人敬重欽佩的企業家王永慶、張忠謀、郭台銘，乃至於華人首富李嘉誠、馬雲，日本首富孫正義，世界首富比爾蓋茲、貝佐斯、FB佐克伯，美國總統柯林頓、歐巴馬、川普等，都是因為喜愛「學習、閱讀」而成為成功人士的最佳代表。

任何人成功的基礎都是「學習」，其他條件都是在它之後才會發生，成功、頂尖、卓越的人從不拖延也不找藉口，每次在執行某個計畫要達成目標的過程中，只要遇到瓶頸、困難，就毫不猶豫地立即閱讀相關專業知識來找出答案，馬上請益比自己更專業的人，甚至談完後乾脆和這位專家、老師合作，強強聯手、資源整合、突破每個細節的難處，直到成功達成該階段目標為止！

有智慧的人，懂得把時間集中用在學習與執行，先將一個最愛的興趣或專長學過幾招並熟稔，然後執行看看，方可遇到真正的問題，然後直接針對造成無法前進的問題再深入學習，接著再執行，幾次下來逐漸變成專精，幾年下來變成專家，不用十年就能成為該行業的第一或唯一，財富自然累積越來越多。

## 家中物品要**斷捨離、分類收納**
### 人生也要收納，每日活動、工作、行程更要先做到！

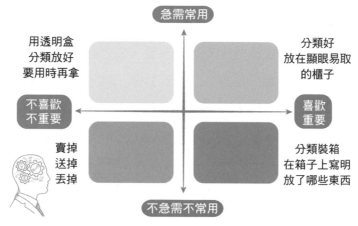

不只要學好時間管理，更要學會自我行動管理。主題可設為本週行程，然後依照四個象限分類：每早先處理1，每晚進行2；一週結束前再處理4，若因此4變成1，就在當下或隔天立即處理即可；4和3盡量外包、授權給他人處理；3可以暫時忽視，若有變化到2，就明晚進行；若3變成4，那就一週後再處理。

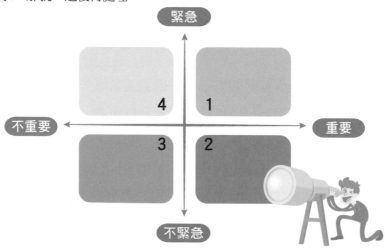

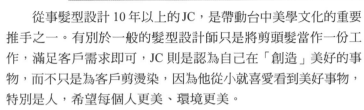

## 專家分享

GENIC SALON 視覺藝術總監　　JC

　　從事髮型設計10年以上的JC，是帶動台中美學文化的重要推手之一。有別於一般的髮型設計師只是將剪頭髮當作一份工作，滿足客戶需求即可，JC則是認為自己在「創造」美好的事物，而不只是為客戶剪燙染，因為他從小就喜愛看到美好事物，特別是人，希望每個人更美、環境更美。

　　於是JC特別打造專業昂貴的攝影棚，運用獨特的攝影手法讓客戶在完成「變髮後」，用影像傳達深層的故事。客戶今天來染髮可能是為了參加閨蜜的婚禮，剪髮可能是為了慶祝新生活來臨，每個人來「變髮」其實都是為了要進行某個計劃、夢想，於是他的團隊用心幫助客戶，用頭髮編織出最美的故事。

　　JC分享他從設計師升級到店長後，開始要求自己需具備經營者的正確態度，必須思考、創造好文化讓團隊合作無間、人人工作快樂有成就感，由於擔任視覺藝術總監、店長後，要花更多時間處理行政、管理、開發的事務，雖然失去一些自己的休閒，但也得到團隊共榮的成就感。

　　JC也表示說，台灣美髮SALON非常競爭，今日能有一點不錯的成績，都是因為有總公司支持、團隊的努力，每天用很長的時間累積，因此身為領導者的他更要回饋團隊、感謝團隊。

　　JC建議有心想要成為店長（不分職業）、高階主管的人，要有面對失敗的心理準備以及高度抗壓性，因為每次的失敗都是最好的經驗，只要不放棄，體驗過後就能知道下次的行動如何更好，協助夥伴擁有開創的心，願意繼續行動。為了幫助更多人可以一站式完成「變美」，JC特別建構兩個美學虛實平台「輕美學彩妝造型團隊」&「DREAMCATCHER 捕夢網」，要讓人們可以在這裡找到最多美學專家的服務資訊，享受美好的時刻，也讓許多美學專家分享、教學，做最好的傳承。

## 長壽不是目的
# 健康才是關鍵

這世上有三樣東西是別人搶不走的：一是吃進胃裡的食物；二是心中的夢想；三是讀進大腦的書。人的一生，健康以及擁有心靈的滿足最重要。

多數人沒有在年輕時「開始」持續保持健康養生的生活習慣，導致一生所賺的錢或存款在老年時或中年過世的前幾年全給了醫院，甚至還不夠付，造成子孫負擔。所以，千碩我教你，請大聲念出來：人，一定要讓自己很健康又很有錢，也要懂得栽培兒女成為「有閒」、「工作彈性自由」的有錢人，並且好好經營和孩子間的親子關係。

接著，千碩老師將繼續帶你完成以下人生最重要的功課：

1. 趁現在多關心、多照顧父母親的健康（讓他們減少生病機率，或不要得到重症）。

2. 你自己要在未來一年內去學習可以賺大錢的「技能」：___
   ___。

3. 用心將該技能發揮在事業上，讓自己月收入更高一點，最少要：___萬元（千碩我真心希望你的月收入至少要 30 萬元）。

4. 學習如何提升工作效率的技巧，讓工作時間逐年越來越少，才有自由時間去做自己喜歡的事，包括照料家中的病患，或是創業當老闆，讓自己的上班時間很彈性。

5. 最最最要重視的就是自己的健康、養生，讓自己維持年輕、活力。

6. 不亂花錢買高價格的奢侈品，不亂花小錢在吃零食、飲料、垃圾食物，能省則省，錢只花在可以增值、保值、健康、形象、專業、事業、旅行、讓家庭幸福、教育的事物上。

7. 以身作則，學習理財、建立正確的用錢觀念，存款越多越好，為小孩的理財做示範教育。

8. 多一點時間陪伴孩子、真心愛他，維繫好親子關係，提供最好的教育資源，栽培孩子擁有強大的技能、腦力開發，讓他懂得如何讓工作有效率，鼓勵孩子用腦賺錢而不是靠勞力工作，持續勉勵孩子成為對社會有高度價值的人，務必讓小孩也可以很有錢，以後才有空陪你。

擁有極為足夠的收入與存款，對維持健康是很有幫助的！有錢可以獲得更好的醫療品質，提高治癒疾病的機率，提早恢復健康，但不能為了賺錢而賠掉健康，千萬不可以對自己的孩子說：錢夠用就好！只維持錢夠用的人和家庭，一輩子都經不起遇到 1～2 次的天災人禍。最正確的觀念是：我們此生不一定要當首富，但一定要讓自己的錢多到花不完，也就是月收入大

於月支出 3～10 倍，然後在 5～10 年內存到個人退休金。要知道，成為身價百億或千億的首富，要付出的心力、體力、時間、歲月、代價是常人所無法想像的，你很有可能還沒賺到錢就已經賠掉健康。生病時，自己痛苦、家人難過，自己沒能力去賺錢，家人也無法專心工作，原本想買的、想玩的、想吃的、想去的地方、想做的事情都要延後。

所以，本章節討論健康會影響財務、家庭與夢想，人只有生病、意外、進醫院一次，才知道以下五樣最重要：

1. 健康：平常一定要維持充足睡眠、心情愉悅、有氧運動、有機飲食。

   我的健康計畫：＿＿＿＿＿＿＿＿＿＿＿＿

   ＿＿＿＿＿＿＿＿＿＿＿＿＿＿＿＿＿＿。

2. 家人：平常就要多維繫、多關心，讓自己成為一個好相處的人，以後發生什麼事情人家才會想要來照顧你。

   我要為家庭再做什麼：＿＿＿＿＿＿＿＿＿＿

   ＿＿＿＿＿＿＿＿＿＿＿＿＿＿＿＿＿＿。

3. 錢：要多賺、多存、少花、多投資，先投資自己的腦袋、技能、公司，再拿「閒錢」投資金融商品。

   我一定要在 50 歲前存款：＿＿＿＿＿＿＿＿元。

4. 保險：一定要買，並量力而為，初期保險費僅需占年收入的 5 ％，當收入大於支出一倍以上與存款達 300 萬元以上

時，再依序讓保險費占總資產的 5～20 ％。當保險的種類越來越多時，要記得做好功課、不衝動，務必在預算內做足做滿。

5. 朋友：平常多維繫、多關心、多支持朋友的夢想、多鼓勵朋友的長處，讓自己成為一個好相處的人。

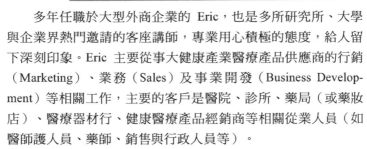

專家分享

《醫療行銷管理：圖解大健康產業
商業模式》作者　　　　　郭恒宏 Eric

　　多年任職於大型外商企業的 Eric，也是多所研究所、大學與企業界熱門邀請的客座講師，專業用心積極的態度，給人留下深刻印象。Eric 主要從事大健康產業醫療產品供應商的行銷（Marketing）、業務（Sales）及事業開發（Business Development）等相關工作，主要的客戶是醫院、診所、藥局（或藥妝店）、醫療器材行、健康醫療產品經銷商等相關從業人員（如醫師護人員、藥師、銷售與行政人員等）。

　　Eric 建議想要進入跨國性企業的行銷人、業務人，最好具備以下能力：

1. 商業模式的策略思考與專業銷售技巧。
2. 中、英文專業簡報能力。
3. 外商公司特別重視專業知識、表達能力以及團隊合作，特別是身為主管者，除了不斷精進專業知識外，須經常接受企業內部講師培訓認證（如專業銷售技巧、專業簡報力、專業領導力等），強化自己的授課與表達能力，並參與人才培育訓練的工作。
4. 培養挫折的回復力（Resilience）、問題解決（Problem-solving）、團隊合作（Teamwork）與自我反省能力。

5. 接受如財務、法規、人事等專業訓練，以提升跨部門組織運作的效能。

綜觀上述，Eric 郭恒宏認為最重要的基礎能力為：快速學習新知識的好腦力。由於科技的發展，使得醫療技術、藥品、醫材、設備跟著快速改變、升級，所以要不斷地進修最新專業知識技能，又要處理日常工作事務，若沒有好的腦力來支撐，工作會很吃力，這也是 Eric 來找千碩老師學習腦力開發的原因。

Eric 和許多醫療界的重量級人士出版《醫療行銷管理：圖解大健康產業商業模式》一書，目的是為了幫助全台灣到全華人的健康醫療產業，有效建立商業模式（Business Model），更精準的解決客戶或患者的問題與滿足需求，同時幫助企業或組織創造獲利，維持長期競爭力。此外，健康醫療產業從業人員需要具備快速精準傳遞訊息給主管、廠商、客戶或患者的能力，所以該書也指導如何透過有效溝通、成功簡報，來強化職場競爭力，堪稱台灣醫療行銷史上最棒的一本教戰手冊，值得從業人員人手一本，而千碩我也很榮幸受邀為此書撰寫推薦序，希望對已經從事或有志投入健康醫療產業的行銷、業務相關工作的讀者有所助益，以期讓人民更健康並幫助醫療產業升級。

# 黃金長壽法——娛樂養生

以下向各位介紹「娛樂養生」所包括的活動：

1. 古有「善弈者長壽」之說，弈棋不僅是緊張激烈的智力競賽，更是有利身心健康、延年益壽的娛樂活動。

2. 習書作畫及書畫欣賞，皆可養生治病。習書作畫為自己動手練字或作畫，融合學習、健身及藝術欣賞於一體；書畫欣賞則為賞析古今名家的書畫碑帖、藝術珍品，在藝術美

感享受中，達到養生及健身的目的。

3. 《樂記》有云：「音樂者，流通血脈，動盪精神，以和正心也。」透過音樂調節情志，使人歡喜雀躍，可通暢身體脈絡、調和氣血，更能豐富精神思想、抒發思想感情。

4. 歷代養生專家多提倡旅行郊遊，而道家及佛家的庵觀、寺廟也多建造在環山抱水、風景幽美之處，以達到山水之清氣，修身養性。旅遊中不僅能飽覽河山之壯麗景色，藉以舒展情懷，讓自己心胸開闊，更能利用旅途中的健行來鍛鍊身體，增長見識及國際觀，是一項全方面調養身心的最佳活動。

千碩我最愛的一本書《你只要做好一件事就夠了》，其中有一段內容印象最為深刻：哈佛大學研究追蹤數百名學生長達 75 年，對促進「人類繁榮」最有貢獻的因素深感興趣，研究發現和繁榮理念最強正相關的就是和家人、好友的感情溫度，健康和幸福之間的重要橋樑就是好的人際關係。丹·席格（Dan Siegel）博士打造出心理健康餐盤，用來說明假如我們照看自己的心智及健康，需要促進助長的領域有很多，包括：睡眠、生理活動、專注、反省時間、放鬆、玩耍、連結。如果我們能稍微滋養生命中的這些領域，那麼生活會變得更簡單及美好。然而萬一生活中只有工作、沒有玩樂，我們很快就會消耗殆盡，生產力低落，儘管（事實上是因為）我們投入了那麼多的時

間。如果沒時間反省，我們會盲目地繼續前進，經常去做那些內心深處其實不想做、但是覺得「應該」要做的事。萬一我們沒有好好照顧身體，缺乏足夠的睡眠和運動，活力會一落千丈；我們的引擎可能仍在運轉，不過油缸裡是錯誤的燃油。

**學員見證**

千碩老師腦力開發讓我發現創意與事業的有趣結合，對未來更有希望了！

吳品賢、林秀玲、蘇俊憲

## 維持身心靈健康的方法：慢活

「手把青秧插滿田，低頭便見水中天。心地清淨方為道，退步原來是向前。」不論做什麼事情，千碩我規劃好後，都會再進一步想是否留有退一步的彈性空間與時間。若提早抵達目的地就看書；若提早完成目標就再檢查更細節處；若未準時完成，表示該計畫與任務沒有非常成功，肯定是執行過程的某一步驟有突發狀況，我就記起來，告訴自己未來做類似的事情、前往類似的路線時，可能會再發生類似的突發狀況，下次要如何提早預防。

做事、說話、睡覺、吃飯、洗澡、開車、購物、上廁所、做決定……都別急，當然不能故意拖延或懶惰，而是在計畫時、在執行時都思考一下：如果沒完成，最嚴重會怎樣？會造成哪些

損失？若為了完成而倉促急行的話，可能會發生什麼事？到時候要如何解決善後？其實只要這樣思考，日後做任何事情就會很有節奏感，不拖延，行程與時間的管理會更順暢，如此一來，生活將更從容、不急不徐，便能活出健康的心情。

做事保持心情愉悅、穩定、氣定神閒的人，身心靈相對健康，內心的信仰與核心價值觀肯定是很堅定，不輕易搖擺，但為何可以如此從容呢？因為凡事退一步想，事實上你的生命品質是向前邁進的。像千碩我最喜歡的好友莛芮姐（易莛芮），年過50 歲的她經常面帶微笑，心情與穿著總是維持的很年輕，所以整個人散發著年輕、健康的狀態，讓人很喜歡和她相處，與20 幾歲的女兒楚容走在一起時就像姐妹一樣。莛芮姐跟我分享健康年輕的秘訣就是心中要有愛、不要執著、看開一點，要懂得放下過多的念頭（不論正在思考的事情是好是壞，想過多了都不好），也就是：順境時切莫得意忘形，逆境時請勿看輕自己。人生若常常不如意，通常是你自己做不好，就算自己完全盡力了，人生也不會隨時一直很順利，此時若選擇用平靜的心去看待，事情後續發展就有可能變順利。如此樂觀智慧，在此跟大家分享，值得學習！

千碩我為了讓自己能健康活到 120 歲還可以到處旅行，因此很重視養生之道：每天心情愉悅、睡眠充足、有氧運動跟有機飲

食。一天當中最完美的時刻就是「慢慢的、慢慢的」寧靜享用早餐:一大把 6 種有機生鮮蔬菜加上葡萄、有機蘋果,淋上義大利及西班牙的有機橄欖油,再搭配腰果、核桃、杏仁,接著泡燕麥片加黑芝麻和亞麻仁,好好慢慢地閱讀一本書,這就是千碩我每天早上慢慢享用 2 個小時的美味早餐。吃完後再深深的思考人生方向 1 小時。為了讓自己更聰明、智商更高,我吃聰明膠囊、每天一條魚,下西洋棋讓思緒極為清晰;為了讓自己有活力,每天運動、閱讀 1~2 本書;為了讓家庭更幸福,每年只工作 6 個月,每個月工作 6 天,一年出國旅遊 6 次,每天都愛的抱抱以及親自買菜、三餐都在家做飯吃,盡量少外食。身體健康+頭腦超級聰明+大量閱讀=工作有品質有效率,創造更幸福的生活。多年來我堅持生活以休閒第一、旅行優先、工作次要;人生則是以健康第一、家庭優先、工作次要。因為工作時間越少、績效反而越好,大腦在越快樂的情境下,發揮的潛力越大!

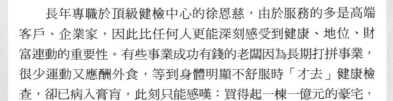

**專家分享**

柏忕健康管理中心總監 　徐恩慈 **Mia**

　　長年專職於頂級健檢中心的徐恩慈,由於服務的多是高端客戶、企業家,因此比任何人更能深刻感受到健康、地位、財富連動的重要性。有些事業成功有錢的老闆因為長期打拼事業,很少運動又應酬外食,等到身體明顯不舒服時「才去」健康檢查,卻已病入膏肓,此刻只能感嘆:買得起一棟一億元的豪宅,

卻已買不回健康；也有些事業成功但懂得重視健康的企業家，願意「定期」每年撥出 1～2 天的時間做健康檢查，只要發現可疑病症的「初期」，便用大錢直接購買高科技醫療技術來治療疾病、恢復健康。

關鍵不是有錢或沒錢，而是每個人要有自知之明，收入不高、存款不多的人更應該比任何人重視健康，因為一生病就沒體力去工作，又要額外負擔醫藥費，豈不是全家人災難！而收入高的人則是要學習提升智慧，不要太貪心只想花時間在工作賺錢，反而是要學會提高效率，授權讓自己有空做健康檢查以及多睡覺休息，平常多做有氧運動，讓心肺、大腦、細胞維持健康活化，每週找專家正確指導各部位的重量訓練，讓 206 條肌肉保持強健，每天喝 2000～3000cc 的水，盡量低糖飲食，保持愉悅的心情，將煩惱交給上帝，多多用心、善念、樂觀、專業的做好事業。而徐恩慈 Mia 的養身健康方式就是定期健康檢查，透過核磁共振造影掃描出全身 3000 張圖片，配合其他健檢儀器，盡可能的了解身體各器官或部位有什麼狀況，才能規劃出正確的解決方案。

第二個健康守則就是「學做人、生存、改變」。台灣多數人在 65 歲退休（不管有錢沒錢）離開職場後，只要沒有規劃第二事業與「高度」社交活動，幾乎都在家看 3C、電視，通常幾年內就會癡呆失智，讓自己和家人感到痛苦，而根本原因就是中年時不懂得做人，個性孤僻、不愛助人、沒有幽默感，於是到老年時家人不想和他對談，也找不到朋友可以一起出遊活動、學興趣、做公益，所以做人（人際關係）是健康的第一個要件。再來，人類會為了生存而想出創意、解決方案並立即行動，此時大腦與全身器官自然會持續高度運作，以保持在健康狀態，所以不可讓自己太安逸，也不要一輩子只做同一份工作、住一樣的地方，不要老是只和同一群人往來、去一樣的聚會場所，於是延伸出第三個法則「改變」。

徐恩慈 Mia 秉持著這樣的信念且成為習慣，讓自己參加台

灣許多知名的社會團體，如：亞太經營家協會、中華經濟戰略發展委員會、東海大學 EMBA 校友會並擔任執行長，也擔任台中名店協會理事長，旌旗教會詩班合唱團以及小組聚會組長，透過學習不同樂器而發現：學習只學到有成就感、開心即可，若某個興趣玩到、學到、練習到已經有困難度且讓人產生壓力時，就趕快再換下一個興趣，這樣就能常保新鮮以及心情愉悅，人就會健康，除非是要靠那個興趣謀生，那麼就要克服壓力並持續深化學習。

徐恩慈 Mia 也和先生聰倫每年定期安排深度旅行 1、2 個城市做 long stay，再搭配幾次不同國家的短期旅遊，因為出國「自助」旅行經常得面臨改變與求生存，像有次到阿拉斯加深山竟然和棕熊近距離狹路相逢，可能棕熊已經吃飽了，所以四目相交一會兒後，棕熊緩緩離去。她也曾搭小飛機造訪北極圈的一個超小村落，當地只有 9 個居民，被當地人邀請到家裡作客、雙方相談盛歡，主人指著牆上的北極熊熊頭標本娓娓道來：「當年在雪地裡巧遇北極熊，為了不被熊吃掉、為了生存下去，只好跟牠正面對決。」這種強烈衝擊的真實故事，讓徐恩慈 Mia 更加珍惜生命，並鼓勵自己每一天都要有一個目標，而該目標再拆解成許多小目標，讓每天、每小時都有個行為可以提升自己的能力或智慧，天天都進步。

你會發現，現代醫療技術明明越來越進步，但生病的人卻越來越多，這是因為：

1. 工作壓力大，過度緊張：主要原因是能力差、反應慢造成，年薪 60 萬元的工作內容之難度與年收入 1000 萬元的困難度肯定不一樣，若某人的腦力與程度多年來只能承受年薪 60 萬的工作內容，但因為總體經濟因素導致縮減人力，老

闆突然間指派過多工作量以及更高難度的工作給此人後，不出幾週幾個月後，此人肯定負面壓力指數會上升，因為大腦負荷不了長期的龐大資訊以及高耗氧思考，若此人事情又沒做好，當然生活就會越來越緊張，不論從事哪一種行業，所有工作內容的過程處理都是靠腦、眼、耳、手、腳的協同作業，所以若要讓自己可以很輕鬆地處理高難度高收入的工作內容，「唯一」方法就是腦力開發讓自己很聰明，千萬不要想靠長時間加班努力工作，身心靈會受不了的，唯有頭腦聰明才有辦法快速有效的處理困難的工作內容。

2. 生活步調太快：盡量讓自己事情與工作不要太多，得失心不要太重，手機少看一點，改成多閱讀有文化的書，多接觸大自然與美學，多旅行，生活步調就會放慢一些。簡單說，就是讓自己工作時間與工作量少一點。否則，我們常看到有些高學歷、高收入、高成就的聰明人、工程師、企業家，未老先衰，年紀輕輕就生病，就是因為事情塞太多、步調太快了，再聰明的人也無法同時處理過多工作事務，因為身體與腦也需要休息。

3. 亂吃垃圾食物：請克制自己的嘴，垃圾食物不好吃又危害健康，也把收入存款給吃掉，到時生病又沒錢付醫藥費，得不償失。「喜愛常吃」垃圾食物的人，多數也是沒責任感、沒文化的人，選擇常吃這類食物是因為錯誤的飲食觀

念所造成。真正喜愛閱讀、大自然、重視健康與家庭的人，一定會關注飲食影響健康的相關資訊，自然就會選擇有機、清淡、均衡、原型食材的飲食法，深知吃垃圾食物會讓身體敗壞的機率提高，所以，一個人的文化程度會大大影響健康好壞。

4. 誘惑太多、睡太少：睡眠是讓身體器官細胞好好休息的最佳方式，要恢復健康、維持健康，吃再好的食材與健康食品都不如好好的睡一覺，建議朋友圈單純點，一生中交幾個良師益友、知己、事業夥伴就忙不完了，朋友越多、時間分散越多，誘惑自然就變多，溝通的時間越多，就會讓睡眠、運動、陪家人的時間變少。

5. 國家、政府到人民的環保意識尚未變成習慣：空汙、食安、排汙到河流海域及農田、過度消費、製造太多塑膠物品等，一點一滴破壞著生態環境，最後各種毒素再從各方回流累積到你我體內。所以，若一個國家的多數人民都不健康，首要原因就是近百年來這個國家、政府的執政官員們文化水平太低落，不懂得讓環境永續發展。此時只能反求諸己，個人養成健康習慣，盡量創造健康的環境。

健康 4 大基礎：

1. 保持每天心情愉悅，只做有興趣的工作，只和讓你開心的人往來，讓你不爽的人就盡快遠離，當然，要先確認一下

自己是否好相處。每天（每週）做讓自己開心的興趣，讓自己沒有經濟壓力，心情通常就會很愉悅（所以要懂得賺錢，不要亂花錢）。

2. 每天睡眠充足，如何做到？讓自己每天工作時間再少一點，多一點時間睡覺，把家裡布置地很好入眠，每天務必打掃家裡維持乾淨整齊，生活簡約，讓自己事情少一點，就會少一些煩惱、很好入睡。

3. 每天有機飲食，盡量只吃原型食物，烹飪方式清淡，每天喝 1500cc～2000cc 的溫開水，每天適量吃水果、多吃蔬菜，肉蛋魚均衡攝取，用最好的橄欖油，正確的進食順序，慢慢吃飯，用餐時心情要愉悅。

4. 每天運動，綜合運動方式包含：有氧、重量、耐力、肌力、心肺、核心、腿力、健走、游泳、大笑，時常腦力激盪（腦部運動）。

### 學員見證

千碩老師腦力開發讓我生活與工作更平衡，目標更明確！

廖詩吟、朱祥銘、吳淇妤

# 健康腦生活

阿茲海默症、老人癡呆、失智是近年來被醫學界、聯合國公認本世紀最可怕的疾病，甚至比癌症還難處理！多數癌症病患只

要重新養成健康的生活習慣與配合治療，都有不錯的機率可以逐步邁向健康，也可以繼續工作、賺錢、投資、進修學技能、自主打理生活，但（初期）老人癡呆的人（45 歲就有可能）就會開始影響工作與學習，認知與溝通等問題，所以要常進行有益大腦健康的生活習慣，多多增強自己的記憶力，動動腦力。

想要頭腦更年輕、更健康、更聰明，以下分享健康腦生活的習慣：

1. 找一位正在創業的人討論如何讓他公司營運得更好，從天馬行空到實際執行方案都聊。

2. 學習一種樂器，並延伸了解該產業及代表人物。

3. 欣賞交響管樂團演出，在內心大喊自己的夢想。

4. 烹飪（但要好吃）味道要豐富，同時了解食材與烹飪風格的國家文化。

5. 聽廣播電台時模仿各種唸法。

6. 將自己過去人生、現在目標、未來夢想畫成插圖漫畫。

7. 學點攝影、用心拍照，訓練自己的空間智能及想像力，最好去看攝影展，運用感官想像深入其境。

8. 每個月將書櫃的書重新分類、排列組合，由高到低、由厚到薄，每周至少逛一次書店。

9. 練習在兩分鐘內記住 100 個數字亂碼。

10. 用左手拿筆在紙上畫出另一伴的臉。（別讓對方看到你的

作品)

11. 每口飯都細嚼慢嚥 20～30 下。

12. 偶爾曬太陽，最好在早晨，同時可以搭配運動。

13. 列清單。健全的記憶運作關鍵在於注意力，美國紐約西奈山醫學院記憶增強計劃執行主任史威爾醫師，建議藉由列出工作清單，將每日工作設立一個程序，無論困難與否都能有效完成，所以我們可以試著規定自己工作完成到某一個程度後再處理別的事情。

請寫下本章節，對您的啟發與靈感喔！

**專家分享**

健康食品開發企業 Joyguo 喬伊蔻總經理 — 徐榮利

在台灣高雄以及大陸廣州專門提供保健食品的 Joyguo 喬伊蔻，幫助兩岸許多大型保健食品企業做研發、品牌，延伸出去的據點超過 200 個以上，服務過的客戶逾十幾萬人。負責經營管理 Joyguo 喬伊蔻的總經理徐榮利，他創業的緣起是因為從小看到家人、親戚、鄰居皆因錯誤的生活飲食作息觀念，導致中老年時百病纏生，讓全家人精神飽受煎熬，於是決定投入健康產業，希望幫助更多人。

根據世界衛生組織統計，全球亞健康的人口高達 75 ％，只有 5 ％的人身心靈達到健康標準，也就是有 20 ％的人正在透過藥物、手術或其他方式治療疾病。多數人不健康（亞健康）的原因在於環境、基改食品、錯誤的生活習慣、壓力等長期累積所造成，現代人也因為工作忙碌、在外飲食，所以很難完善補充健康的養分，所以定期健康檢查，了解哪些器官有異常，身體哪個部位需強化，先了解體內缺乏哪一類元素後，再選擇正確的飲食與保健食品才對。

此外，徐榮利總經理建議想要創業的人要有一個強烈的夢想，想要幫助人，再去創業。第二步則是要明確了解自己的職能、專長，是否能直接有助於事業，若有，也要再持續強化到更專業；若沒有，就先別冒然創業，反而要進修學習。創業前應先詳細做好前期的市場調查並且量力而為，先從自己最熟悉的通路、城市、客群做起，做出與同行的差異化，這樣才能有效提高成功機率。

幸福的家庭

# 愛的力量越大會加快變富足的速度

幸福的泉源包括：家庭、愛人與被愛。家庭，是實現有錢退休的最佳動力！幸福的首要關鍵就是家人之間盡可能保持樂觀、開朗、有活力、快樂、舒服、體貼、溫柔、包容，家庭只要和樂，人生就已經很棒了，差別僅在於「收入高低、存款多寡」罷了！

股神巴菲特在美國大學演講時，有學生問到：「什麼樣的人生，才算是真正的成功？」巴菲特沒有談到財富而是說：「其實，你們到了我這樣的年紀時，就會發現衡量自己成功的標準是有多少人真正關心你、愛你。」他還說出了人生的一個秘密：「金錢不會讓我們幸福，幸福的關鍵是我們是否活在愛的關係裡！」所以，一個人的成就不完全是以物質來衡量，而是一生中善待過多少人，幫助過多少人實現夢想，有多少人懷念自己。

## 人生的帳簿：愛與被愛

生意人的帳簿，記錄收入與支出，兩數相減是盈利；人生的帳

簿，記錄愛與被愛，兩數相加是成就。人生就像搭長途列車，父母親先帶我們坐上車，沿途停靠站有人上車時，記得真誠以對；有人下車了，記得感謝祝福；能遇見一個人願意一起坐到最後一站是彼此的福氣，記得一定要珍惜。

幸福之道就是時時刻刻在一個喜悅豐盛、感恩知足的狀態之中。幸福是一條道路，往前走需要勇氣，轉個彎需要智慧；牽手需要勇氣，放手需要智慧；原諒別人需要雲淡風清，放過自己即海闊天空。那些轉錯的彎、走錯的路、留下的淚水、滴下的汗水、留下的傷痕，全都讓我們成為獨一無二的自己。充分感恩、用心生活，每個人都會犯錯，但每個人都有他的價值，專注在自己擅長的領域，熱情的工作、用愛去創業，一定會越來越幸福。

# 家庭語言系統

比爾蓋茲的女兒在 3 歲左右自己穿鞋子的時候，對媽媽說：「媽媽，穿鞋子很困難喔！不過我最喜歡做困難的事！」你一定很納悶，為什麼一個 3 歲小孩能如此積極，這是因為每天比爾蓋茲和他太太出門前，都會跟女兒說：「爸爸／媽媽今天又要去挑戰對自己最困難的事情了，不過我喜歡做困難的事情！」任何事情與思想重複一千次、一萬次之後，孩子也會跟進。各位試想，如果一個家庭的夫妻語言系統每天就是：煩死了！不

可能！沒辦法！錢難賺！那就不能怪這個家庭的孩子會負面消極。

家庭語言系統的改變真的太重要了！想讓孩子贏在起跑點，請家長從自身做起，思想決定行動、行動決定結果。各位想想，你是比較喜歡和正面思考的人交朋友還是負面思考的呢？而你又是屬於哪一種人呢？若你對目前或今年的工作及生活品質不是很滿意的話，表示過去這三年來做事方法與思考甚至是人脈圈都需要做調整了。若希望孩子們未來更聰明、成績進步、擁有更好的競爭力，必須從現在開始少一點填鴨式教育，讓孩子接受更有創意、國際觀的教育，尤其品德教養需要視為最高標準。

「站的角度不一樣，思考的問題就會不一樣！」回想我們年輕時，是不是老覺得父母親都不懂我們的想法，而當我們成為父母親時，卻又覺得孩子們不懂我們的用心良苦。每個人都會有自己的情緒，也許今天爸爸在公司績效沒達標，心情超鬱卒；媽媽被婆婆責備，內心很難受；孩子在學校跟麻吉吵架，覺得很想哭；大家帶著負面情緒回家，更會看一切都不順眼。每天只要看到某個家人一回到家時，若沒有歡心喜悅的向你打招呼，多半就是他今天在外有受到不平或挫折，這時候先不要有太多的言語，先給他們消化及梳理情緒的時間，然後再跟他說

你今天工作辛苦了，此時對方自然會說出今天發生的事情，我們只要傾聽，最後再問他希望下一步怎麼做，自己先別急著提供建議，這樣的方式會幫助溝通更順暢。和家人互動時換位思考、站在對方的位置著想，人生會更幸福喔！

# 生養小孩是這輩子一定要體驗的幸福

最後，談到退休或是人生，千碩我發現「小孩子」是一個影響你我人生前進、轉彎、決策最大的關鍵點之一，務必要思考進去，下列與大家分享我個人的心得：

1. 陪伴小孩真的很幸福但也很辛苦，建議工作忙碌的人、沒空陪孩子的人，不一定要（急著）生小孩，因為孩子會耗掉你很多很多時間。若選擇以工作為主而不陪伴，這孩子會很可憐；但若選擇多陪伴，工作肯定會受影響，但如果「你非常非常愛」小孩，這時就會為了多陪他而激發潛力，讓工作變得更有效率，行程安排的能力也會變強。

2. 照顧小孩真的很辛苦但也很幸福，建議收入不高的人，不一定要（急著）生小孩，因為孩子會花掉你很多很多錢。當然也可以選擇盡量不花錢在小孩身上，相信他還是會長

大，但在這個時代，教養很難做到省錢，因為有太多支出是不得不花的，或許你也可以買便宜貨，但損失可能更大；若買品質好的給孩子，你會很幸福又安心，但就會排擠掉原本想要買東西給自己用的預算，因此建議生小孩前要先準備好 3 大筆存款：

第一筆：專門給孩子出生後第一年使用。

第二筆：自己想要買的東西之預算。

第三筆：每月生活費×12。

在孩子出生後的第一年就能專職帶孩子（＝暫時不工作＝沒收入），而上面這 3 筆存款足夠應付這段期間的開銷。

3. 有了小孩後，出門多半都會帶著他，去的地方也與單身時喜歡去的不盡相同，此時通常會選擇方便安頓孩子的地方，連周遭美景都無暇欣賞，因為一整天可能要說超過 100 次的：坐好、別亂叫、安靜、不要丟湯匙、乖乖吃、好棒、拍照看這裡、笑笑、過來、別亂跑、會摔下去、會撞到、喔～痛痛、拔拔秀秀、啊！要換尿布了、啊！要去廁所洗屁屁……以上固定台詞念完後，差不多要換地點或回家了。當然，也可以選擇在家陪小孩少外出，或是出門都不帶孩子，但矛盾出現了，大人不出門變宅爸宅媽，連帶使得孩子只認識傢俱；若外出不帶他去，請問是誰在家幫忙帶小孩？男人們別想把帶小孩的責任全都放在老婆身上，因為全職帶小孩比上班、創業、賺錢還要累，只有玩小孩的時

候很開心。這時大家會想，那誰要負責去賺錢？因此懷孕前要先溝通好、規劃好，不論是誰去上班、誰在家裡顧小孩，夫妻雙方都很重要，小孩是倆人共同的責任，任何一方完全沒有資格與藉口對教養、照護小孩這件事有任何情緒，對小孩有最大的耐心，對對方有最大的同理心與貼心。

4. 有了小孩後，睡眠、飲食、閱讀、思考多是零散狀態，常常會被小孩中斷（除非你不常待在家裡），久了真的會發現你是為小孩而活，自己許多事情與夢想往往會被延後再延後。當然，這就是人生的取捨，沒有對錯，畢竟單身時已經享受單身的樂趣，有小孩的前幾年，樂趣則是孩子給的童言童語。

以上情境是許多新手父母的寫照，FB 上也多是看到大家曬小孩最可愛的一面（我也是），這會讓人們幻想也想要生一個來體驗幸福，然而現實是偶爾玩小孩真的很開心、讓人愛不釋手，但每天多數時間都要處理一些讓人哭笑不得的雜事（如果你是全天候專職照顧小孩的話），所以想要生小孩的人，千碩建議你務必要很有耐心（除非你不常在家，不用照顧，只負責陪小孩玩）。千碩我女兒小珍珠出生的第一年，雖然有請專業的保母每天來家裡幫忙帶小孩 8～12 小時，但我還是幾乎一整天都待在家和女兒互動，陪她讀書、跳舞、看動物影片、歷史 DVD，帶她出門買菜、逛書店、公園散步，我也是個有夢想

的人，也希望明年能比今年的我更精采，但事業、夢想、興趣、賺錢都是要投入時間一一去執行，所以千碩我改變心境，小孩出生的第 1～3 年讓工作少一點，多陪伴她，就是我人生目前的夢想，所以我很樂意撥出時間陪女兒，因為她正在實現我的夢想呀！這樣想，就覺得自己是全世界最幸福的人。

最後，若你真的很愛很愛小孩、很想未來有個小孩的話，建議你：

1. 用未來這幾年單身的優勢，認真進修最賺錢的技能＋創業，好好賺一大筆錢，不亂花、存起來（不知道如何做的歡迎來找我）。

2. 讓自己成為自由工作者，不用固定時間打卡上班，工作時間極為彈性。

3. 考慮將自己的夢想、興趣、事業和小孩的商機結合，熟悉一段時間後，未來孩子一出生就可以同時處理。

4. 最好養成閱讀、少看手機的習慣，並且先找別人的小孩練習陪讀，家長親自陪小孩閱讀的好處大於他看手機，協助孩子培養好的閱讀習慣，肯定能助他成功一生。

5. 家裡空間大一點，讓他跑到累就會比較快入睡，包括你。若家裡空間太小，孩子又叫又笑、又哭又摔，人腦很難接受不同音頻持續的刺激，有些人可能會崩潰，但你不能怪小孩吵，他哭鬧一定有原因，要有耐心解決。

6. 練好腰力，每 5 分鐘他肯定會把家裡弄很亂，你要一直「花時間」收拾，或是練好喉嚨叫小孩收拾，或是請家人幫忙收拾，或是付錢請保母收拾，你也可以撐到一天的最後，到晚上睡前再總整理一次，但你會發現連小偷都不想來你家，因為小偷會以為剛剛同行已經來翻過了，哈。

快樂中帶著無言，無奈中帶著幸福；吵鬧中完成工作，工作中完成睡眠，生活只會越來越精采！只生養一個孩子時，會把最好的一切（時間、金錢、健康、出國旅行、教育）都留給他，讓自己和孩子彼此體驗多一點幸福，同時也可以比較專注在陪伴、栽培，也可以留一些資源給自己的人生。若要再生第二個、第三個孩子，此時肯定又會有不同的幸福，但勢必會需要把自己有限的資源（時間）分散、平均掉，要完成個人的夢想時就會提高困難度，包含完美的退休計畫。

孩子是自己生的，務必花多一點時間陪伴，能夠夫妻 2 人都有錢有閒、有愛有耐心來陪伴孩子，對孩子最好（或至少其中一位家長可以做到，而另一位則是工作時間盡量彈性），所謂的陪伴不是只有陪孩子過生活，重要的是陪小孩學習、閱讀、旅行、教養、運動、培養興趣。千碩我認為有小孩的人生，比沒有小孩的人生幸福多了，所以我很幸福，而這種幸福是再多錢也買不到、事業再成功也換不到的，一生也只有一次可以體

CH
4
迷你退休的五大關鍵

驗。生小孩絕對會對生涯規劃、退休計畫有極大影響，請務必
認真把我這本《迷你退休樂活手冊》讀完，提早做好生涯規
劃，把懷孕那一年以及生小孩後三年的生涯規劃進去，這樣才
會專注認知到「金錢與自由」對陪伴小孩很重要！

## 專家分享

### 澎湖的浮潛教練 「陽光阿有」　黃清有

　　我在澎湖經營「陽光阿有旅行社」和「陽光阿有浮潛公
司」，是一間有溫度、像家一樣的公司，大家的感情非常好，
不過公司的運作常常流於想法很多，最後真正執行成功的卻很
少。參加黃千碩老師的腦力開發課程，跟千碩老師學習腦力開
發後，不僅學會速讀技巧，而且提升記憶力、理解力、創意聯
想、邏輯分析、還有溝通表達等可以運用在生活上以及創業上
的重要能力。

　　現在，我們會開創意聯想會議，用 mind mapping 紀錄每個
人的想法，更重要的是記下執行的日期和頻率，神奇的事情發
生了，公司運作更有效益，而且員工更清楚自己的行動目標，
藉由不斷的完成任務而提升自身成就感。我也在千碩老師身上
學到「全方位的幸福人生觀」，我們都不希望賺到錢卻賠掉了
健康和家庭，我自己也有三個小孩，現在的社會壓力常常讓我
們喘不過氣，千碩老師教導我們調整生活作息、規律運動、健
康飲食、愛自己、愛家人，再把這份愛傳遞到每個人的身上。
生命中最重要的寶藏，就在我們身邊。

　　最後，希望腦力開發成為台灣的國民教育，讓更多人展現
生命的價值，幫助這個世界更好，也邀請喜歡大海以及想要挑
戰自己的朋友們來澎湖找陽光阿有喔～

## 創造財富

# 邁向金字塔頂端收入

世界上沒有什麼事情做不到，但想要有成就且超越他人、突破自我，就不能只做簡單的事情，不能只會大家都會的專長，持續讓頭腦更聰明、自律要求高、生活規律、專注領域、合作讓利、更謙虛地向高人請益、樂於助人，便能實現所有夢想！

根據統計，年收入百萬元的人占總人口約 7 ％，而年收入一千萬元以上的人更只有總人口的 1 ％，真的是金字塔頂端。只有少數人做得到年收入千萬到一億元以上，的確很厲害，這是因為 99 ％的人都學習類似的技能，只懂自己工作領域上人人都懂的基本觀念，而學歷、證照、表達方式乃至於思考模式都與多數人大同小異，真的很難突出，再加上慣用低速運轉的左腦，導致工作時間冗長。

但，也別太羨慕這些千萬收入或億萬的富翁，有些有錢人因為工作、事業過於忙碌，一整年給自己喘息、運動、休閒娛樂、遊山玩水、陪伴家人的時間不見得比你多，甚至因此而賠掉了健康和家庭。因此，如何做到工時少但收入高，就是本章強調的重點。當然，無可否認的是有錢至少比沒錢的生活好過多了，有足夠的金錢可以讓你和家人有更好的生活品質（飲食、

住、交通、生活用品有更多更好選擇）、給家裡年長者或生病的人有更好的醫療品質、給孩子接受更好的教育、全家人常常出國旅行時也不用省東省西。

所有年收入千萬以上的人，大多以這六大類為主：

1. 創業成功的老闆。
2. 大型企業的執行長。
3. 超級業務員。
4. 知名演藝人員、廣告明星。
5. 專業人士（律師、會計師、醫師、講師、藝術家、體育選手、建築師、設計師）。
6. 專業投資人（先有一筆高額本金去做投資）。若以年報酬率 10 ％來看，要靠投資這條路創造千萬年收入的話，等於要先自備一億元的閒置資金去做投資。

以上 6 個選擇，哪一個最容易達成「年收入」千萬？答案是第一個。不過，也有些人是擁有以上這六個其一，但為何還沒有年收入千萬？因為他還沒做到頂尖卓越，但肯定的是這六種人會比「上班族、行政工作人員、工讀生、公務員」更有機會達到年收入千萬元以上，全世界已經超過 3000 萬人做到了喔！關鍵就在：如何讓自己選對角色，以及如何讓自己更頂尖卓越！接著再學習如何用一半的工作時間達成此收入目標，畢竟

有錢真的很好，若還能同時擁有更多自由、維持健康、家庭幸福，那就太棒了！

讓自己更卓越，邁向年收入千萬元的五大競爭力：

1. 速讀力：看書快十倍，輕鬆吸收大量的專業知識。
2. 記憶力：擁有過目不忘的超強記憶力，學習、做事都有效率。
3. 好創意：擁有源源不絕的絕佳創意靈感，變成創業、賺錢的好生意。
4. 表達力：說話有魅力，讓更多人喜歡你，演講、溝通、談判及簡報時有說服力。
5. 語言力：會使用多國語言，增進自己的國際觀，看見新商機、提升格局、幫助投資理財。

千碩老師腦力開發讓我愛上閱讀與學習，生活更有樂趣！

林秀芬、黃雅君

# 培養五大競爭力擁有年收入千萬的實力

但多數達到年收入千萬的人，工作卻又很忙碌。

真希望有更多時間做自己喜歡的事以及多陪家人。

工作有效率

更年輕、預防老化

工作有自信

孩子讀書更輕鬆成績更好！

1.創業成功的老闆。
2.超大型企業的執行長。
3.超級業務員。
4.知名演藝人員、廣告明星。
5.專業人士。
6.專業投資人。

1.看書快十倍，輕鬆吸收大量工作所需的專業知識。
2.擁有過目不忘的超強記憶力。
3.將好創意變成好生意。
4.說話有魅力、演講簡報有說服力。
5.會使用多國語言、有國際觀。

比別人更快培養五大競爭力

讓頭腦變得更聰明

腦力開發：開發大腦的潛在能力
學習力、思考力、表達力

飲食、居住、交通、醫療、教育生活品質較好。

1% 年收入1千萬以上

7% 年收入1百萬以上

93% 的人 年收入低於99萬

工作也是很忙碌

黃千碩 迷你退休

瑞士以及哈佛大學長期研究全球富豪年收入達一百萬美金以上者（主要是靠白手起家做到的人），發現多數的成功人士與富豪的共通點都是：喜愛閱讀、大量閱讀，每人家裡幾乎都有上千本藏書量，並且對自己工作的專業知識以及延伸資訊掌握得一清二楚，也就是：很用心、很聰明。接著他們都反應靈敏有創意，遇到困難時能想出比較多的解決方案，會主動想到如何行銷自己與產品的點子，想不到時也會主動蒐集。不論和廠商、員工、客戶、股東、董監事、家人都有良好的溝通能力，懂得說服別人，一大群人採取行動以達成「富豪自己」想要的結果，擅於演講、簡報，對群眾發表自己的理念讓大家支持，甚至創造更大量的營收。有錢的富豪也喜愛了解全球各產業趨勢發展、政治經濟商業議題，接受較高的教育，到不同的國家讀書、工作、居住並經常旅行，掌握主流語言卻也樂於學習新的語言。

以上，各位想要更有錢的學員們發現了嗎，「用心、聰明」就是讓你更快進步、邁向卓越、成功致富的關鍵！把喜歡的事拿來當飯吃，工作做得好、事業成功，可以帶給人成就感與財富；反之，工作表現不好、事業失敗的人身心靈都很難健康。再提醒一次，人的一生每天都要用到錢，除非你從出生到上天堂每一分錢都有人幫你支付，否則人活著就是要工作，目前還沒看過誰可以不工作卻有收入的。既然工作這個行為占據我們

一生不少的時光，所以工作一定「只挑」自己喜歡的，而多數成功人士及富豪都是從事自己喜歡的工作，便能快樂的工作、快樂的賺錢。

## 謙虛學習✕愛＝真正的實力＝創造財富

千碩我從小很愛搞怪，成績常常不及格被老師叫到台前打屁股，有一次和隔壁桌的同學都考零分，老師又好氣又好笑的說：「你們兩個肯定互看考卷！」於是我便立志，長大後一定要成為一個聰明的人。小時候我都在工地幫忙，家境很不好，看著有錢的同學被父母帶出國玩，讓我很自卑，於是我便立志，長大後一定要「靠自己」成為有錢人，並且「靠自己」的能力出國旅行。

21 歲時，我覺得自己頭腦反應實在太慢，表達能力太差，又沒專長，不會英語，不會電腦，找不到高薪的工作，當時還很氣憤的認為：老闆明明很有錢，為何這麼小氣只給我每小時80 元的薪水。後來 25 歲當上老闆，和許多老闆聊天，看了上千本企業家自傳後，感到非常的羞愧，當年的我怎麼會有如此幼稚的想法，會覺得老闆小氣，因為全世界每個老闆都一樣，只會將最低的薪水給：沒專長、反應慢、容易被取代的員工；老闆只會將最高的薪水發給：最聰明、有產值、忠誠度高、有品德、願意再學習、有效率的人才，從來沒看過例外。

所以，若有個朋友跟你說，他覺得自己的月收入不夠多，生活辛苦，無法還清家中債務，也買不了好的生活用品給愛人（無法買車、不敢結婚），無法給父母親好的居住品質，甚至家人不小心生病時，因為存款不足而無法給家人好的醫療品質，此時你一定會覺得這一切都是他自己造成的，就是因為沒錢，才會害自己和家人都受苦。那為何一個人會沒錢？就是因為每個月收入低，自己又愛亂花錢吃垃圾食物、喝飲料，買一些無法增值的東西，或是為了面子買一些昂貴的東西，卻變成月光族或是負債。那為何收入會低？就是因為此人書讀的太少、沒知識、沒專長、沒有可以跟老闆談高薪的籌碼。那為何此人明明知道想要有高收入就要有：聰明的頭腦、特殊技能、有專業知識、第二專長、口才好、外語能力不錯、懂電腦、懂行銷、具備業務技巧，但為何此人還不願意撥點時間去「學習」上述答案（能力）？答案就是：因為此人懶惰、自大、沒有謙虛的心。事實上，這種窮人心態也不是一天二天養成的，通常是家庭教育造成，從小父母親就沒有給他好的教養，沒有長期灌輸他尊師重道、學習、進修的重要，並且多數情況是：該父母親自己也「不愛學習」，父母親若沒有以身作則當榜樣的話，孩子是不可能會主動上進的。所以，千碩我非常看不起手腳健全、智商正常的窮人。

假如某個孩子未滿 16 歲，還沒有工作能力，也無法合法去找

份工作，因為他的父母親很窮，導致這個孩子也跟著很窮，過著不好的生活，那我們要憐憫他，為他禱告，甚至教導他多讀書，鼓勵他培養一個運動、畫畫、手工藝的興趣（因為初期不用花到錢），等這個孩子到了成年時就有機會找到一份工作，初期收入多少不重要，但至少靠自己的努力與雙手創造了收入。但若一個智商正常、手腳也健全的人都已經活到 25 歲了，還失業、工資低、沒存款，成天喊窮；或是活到 40 歲了，還沒當到一家公司的主管，收入也不高，沒存款，甚至負債，也在整天喊窮，這就沒道理了！顯然此人出社會 15 年都沒有自省，沒有要求自己積極上進的閱讀與進修，工作肯定很混，所以沒有一個老闆願意賞識、給他舞台。

一個人會窮絕對不是環境與國家造成，肯定是懶惰和笨造成，全台灣工作機會數絕對超過總人口數，只要有腦力開發讓自己很聰明，就可以快速學習 1～2 項技能到專精，接著拿出積極的態度找工作，讓面試官知道你的專長對公司有實質幫助，薪水依照你的專長含金量決定；上班後再用腦力開發讓自己工作表現的比其他同事好，對公司的產值又再提升，老闆肯定會發現公司收入增加，他只要詢問一下主管就會知道原來是你的貢獻很高，你肯定會被升遷加薪。總之，要賺錢，要成為有錢人就是這麼簡單，謙虛學習讓自己很聰明、有實力，積極付出做出成績，快速成為公司第一名、行業佼佼者，收入自然會高！

一個人會窮、收入低，核心關鍵就是：沒有愛。一個人（特別是男人）若真心愛自己＋愛家人，一定會希望給家人更好的生活品質，不會讓家人擔心經濟問題，有責任感、有肩膀的男人，肯定不需要他人督促，就會自律要求自己：把白天的工作做好、成為公司第一名員工、擁有好EQ跟老闆相處、下班與假日時會進修可以增加收入的技能，然後還會計畫幾年後創業，以創造更多收入給家人過好日子。所以，千碩老師我人生最大的使命就是要推廣「腦力開發、資優教育、品德教育與愛的教育」成為國民教育。

1. 幫助更多家庭有聰明的頭腦，懂得賺錢，懂得愛家庭，懂得健康養生，懂得工作有效率，懂得親自教育小孩。

2. 幫助下一代數百萬名的孩子們能夠有聰明的頭腦，快樂學習，尊師重道，擁有好的品德教養，孝順父母，從小立定人生志向，做事有計劃，有國際觀，常保謙虛上進的心。

3. 幫助更多人懂得用腦力、用創意、用善念創業，趁年輕時就能賺到一生夠用的財富提早退休或迷你退休，給家人最好的生活，同時讓自己有足夠的金錢與時間做公益，或再將專長貢獻、協助給下一個需要被幫助的人。

一個國家有品德、有教養、有愛，超級聰明的人才只要越來越多，這個國家肯定會更進步、更幸福！這也是千碩我出這本書的重要核心價值，希望讀者您可以一起散播這份好的理念給你的家人、知己喔。

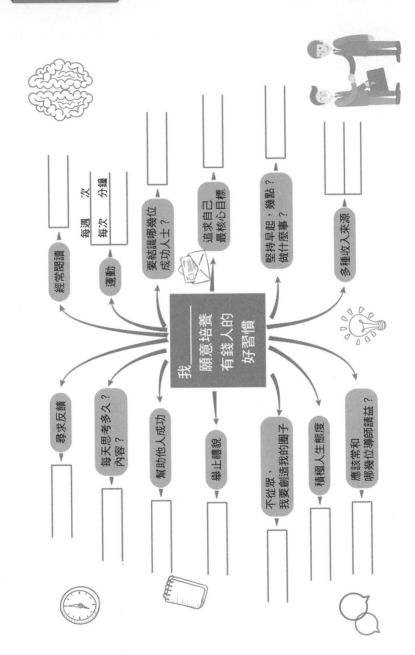

經常閱讀

每週 ___ 次
每次 ___ 分鐘

運動

要結識哪幾位
成功人士？

追求自己
最核心目標

堅持早起，幾點？
做什麼事？

多種收入來源

我
願意培養
有錢人的
好習慣

尋求反饋

每天思考多久？
內容？

幫助他人成功

舉止禮貌

不從眾，
我要創造我的圈子

積極人生態度

應該常和
哪幾位導師請益？

黃千碩 迷你退休

# 致力要求自己成為「有價值」的人

前面提到，因為千碩我小時候到出社會後沒有錢，發現是因為自己程度太低、實力太差、沒有競爭力，於是 21 歲時我就認知到努力工作是沒有用的，多數人工作都很努力但收入還是很少，要成為有錢人應該要：用心用腦學習、進修可以提升自己程度的技能，把自己放在積極的環境，多和積極的成功人士相處。

西元 2001 年時，我四處尋找各種職場技能課程，並到書店尋找關於如何賺錢的書籍，接觸到「腦力開發」這一項領域，當時我就很好奇，人腦竟然可以開發訓練的更聰明！？原來英國、美國、日本在 1980 年時就在教導腦力開發了，於是我認真的學習，學成後先當家教老師教小朋友，越教越有心得，一步步成為專業講師，24 歲時還被安排到中央警察大學、國防部中央科學研究院、台北市政府授課，被扶輪社邀請演講，也成立「黃千碩天才學院」，15 年來已經幫助成千上萬名學員讀書更輕鬆，成績更進步，順利考取第一志願、通過國家考試與專業證照考試，更幫助許多上班族升遷加薪以及轉職創業。

而我自己當然也在 25 歲時創業成功，並且善用腦力開發技術讓自己有效進行投資理財、學習五國語言，幫助自己在 2008 年（時年 28 歲）完成了我 50 歲的退休夢想：自助環遊世界七

大洲，34 歲時成為交響管樂團的榮譽團長，受邀到 TEDx 演講，過著 5 年半退休生活，直到 37 歲出版第一本書《迷你退休》，並在 2 年後新增 2.0 版的內容並推出《迷你退休樂活手冊》。

沒有人可以一步登天，除非出生豪門、嫁娶到豪門、中樂透。像我這種出生平凡、從小在工地長大的窮小孩，沒有好的讀書環境，父母親也沒有錢讓我從小開始培養任何專長與技能，18 歲開始，一切生活開銷費、找工作都靠自己，真的很辛苦。我發現多數人在 50 歲左右才會有很高的驚人成就，所以 22 歲時就問自己要如何提早 10 年（也就是 40 歲前）就能實現退休夢想？

我想了一整年，研究許多有錢人成功的原因，終於在 23 歲時發現到想要提早成功，就要壓縮學習時間，也就是同事讀一本書，我就讀 10 本書；公司開會時我永遠都要最快回答最多最好最專業的答案給老闆，讓他需要我，當公司有任何大小事都會想到先問我，於是我就一直被升遷加薪；同樣的，遇到客戶時，我永遠都要最快回答最多最好最專業的答案給客戶，讓他相信我，相信我的專業能夠解決他的問題，讓客戶最想找我服務，於是，我的業績收入越來越高。

為了快速累積專業知識與常識（才講得出內容），所以將腦力開發應用在閱讀，讓我輕鬆看書快十倍，幾乎每 2 天就閱讀1～2 本書，還能快速抓到重點、做好筆記，達到過目不忘長期記憶，這就是壓縮學習時間，讓自己「很實在」的成為公司第一名，而不是用想的、用說的。

此外，當多數人 50 歲時才會有驚人的高成就，而我想要 40 歲就達成退休夢想時，不能只是提高「學習」效率，而是要再提高「工作」效率，這樣才能再擠出更多時間鑽研更多學問，以及培養第二專長，而這個第二專長必須是我最感興趣的，並且能夠額外解決老闆更多問題，最好是老闆最不擅長的領域，讓他更需要我，這樣我就有談高額獎金的籌碼。所以為了提高工作效率，我又再應用腦力開發的技術讓工作的每個環節 SOP化、細節化、圖解化，並虛擬實境的想像其過程，想像在執行過程中可能會遇到什麼狀況，然後再寫下解決方案。

例如，一個月後我想要執行某個計畫，我會在今天先把計畫的每個細節、步驟模擬過一遍，試著聯想各個環節可能會遇到什麼狀況，然後立即上網查、看書、問此項目專業的人，把問題徹底解決，或是將風險降到最低，整體流程想完後，再重新檢查一次，並思考有哪個步驟可以刪減、整合或外包？哪二個步驟可以對調？然後越接近計劃結案日，就會盡量減少工作中、

生活中不必要的活動，專注於每個步驟上的執行，若有 10 個步驟要執行，只要某步驟一完成準備要進行下一步驟時，就會思考回顧一下剛剛完成的步驟，有沒有可以再加強改善的。這樣，未來某一天，若進行新的計畫時，而該新計劃的某個步驟和上述步驟一樣，就會採取更好的做法。最後，若整個計畫的 10 個步驟完成了，計劃「如期」成功了，對我來說代表這還不夠好，因為沒有「提早」達成，表示這 10 個步驟肯定有哪一個環節可以再改善。這樣，未來某一天又要執行類似的計畫時，就會採取更有效率有品質的步驟。

有時候某個環節犯了錯誤，我就不斷反省檢討，累積功力、實力與經驗，於是幫助我擬出了十幾套的思考公式，實務應用數百次計畫後，越練越純熟，所以可以在工作、創業、表達、學習、人際、溝通、演講、簡報、計畫都能反應速度越來越快，每年工作效率越高，工作時間越來越少，但收入明顯越來越多，才有辦法達成年輕退休的目標，才有這些心得來寫這本書跟大家分享。

## 學員見證

千碩老師腦力開發讓我看書更快，筆記流暢，記性更好！

謝志忠、黃祈偉、顏宛珍

我分享自己的人生故事，是要跟大家說：人要從一無所有到有點成績，到被人認同，到實際成功，到自我實現（夢想），勢必要多學習、多閱讀，但一個人學習了一門學問、專長，不代表就能夠立即換成金錢，最重要的是：還要再比同學、同事、同行更用心、更專注的鑽研此學問，操練此專長，鑽研到頂尖，操練到專精，做到讓老闆或客戶或任何一個陌生人只要跟你交談完，能讓對方發現你的專長能夠解決他生活中某個困擾，或是實現他某個夢想，此時，只要對方的困擾越大，你的專長若能幫他全盤解決，那你提出業界合理的收費或對方認為值得的費用後，對方自然會付費給你，請你幫忙，而這就是你的收入。同理，對方的夢想越大，你的專長若能幫他更快實現，那他就會衡量付費給你比較快，還是要自己慢慢摸索，事實上，時間大於金錢，多數人會選擇花錢買時間，也就是付費請你幫忙，好讓他自己趕快擁有想要的物質或服務，這就是你的收入。以上這個邏輯，不論你走到全世界哪裡都行得通，因為地球上每個有錢人都是這樣做，沒看過例外。

所以，人活著別想要成為一個成功的人，或是成為有錢人，而是致力要求自己成為一個「有價值」的人，這是愛因斯坦的名言，對千碩我幫助最大，在此分享給您。

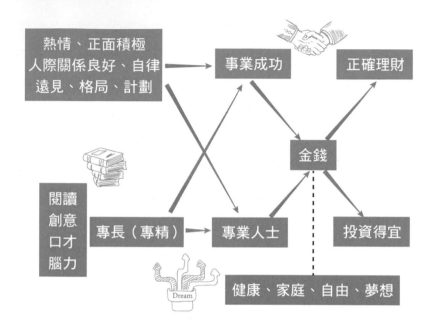

# 向宇宙下訂單

根據聯合國、麥肯錫、瑞士及美國等最新權威統計調查指出，全球金字塔頂端的富豪只占總人口約 0.2 ％，最低標準為年收入、存款、資產達美金 100 萬元以上，也就是全世界 70 億人口中，約有 1380 萬人為富豪，並擁有全球 80 ％的金錢。

多數的有錢人都是靠事業以及投資讓自己成為有錢人，但一個剛出社會的人，沒有太多的收入可以創業或投資金融工具（除非父母親資助或留下遺產），因此要先投資自己，投資自己的生存技能，讓自己可以從一般的上班族逐年成為某個行業或領

域的佼佼者、專業人士，因為一般的上班族是用時間、勞力換到收入的金錢，那是用月在計算收入、用年在計算收入。一旦成為專業人士後，已經是用技術、專案、經驗在賺錢，你將會一次又一次的用時數、用單次高單價專案在跟老闆、客戶、業主計算高收入了。而當技術、客戶名單、收入、資本、市場知名度都夠多的時候，往往下一步就是走向創業之路，當創業成功，其收入將比專業人士的收入再多 10 倍、比一般受薪員工收入多 100 倍，也就是靠創業所獲得的收入，會比其他投資的收入還要來得高。當創業成功有高收入及一筆存款時，再拿出不會影響家庭、事業的資金放在自己能掌握的投資工具、金融商品上，錢滾錢的日子就這麼來臨了。

而千碩我要給各位的致富建議是：30 歲以下或年收入 150 萬元以下的人，請不要把辛苦賺來的錢用在吃喝玩樂這種小確幸上，更不要把收入拿去投資金融工具，因為收入不多，拿去投資就算有獲利也是很少的錢，如果慘賠，噗咚一聲就沒了。應該要先存好 6～18 個月的緊急預備金以及買點保險（占你的月收入 5 ％支出即可），然後每個月持續投資自己的競爭力、技能、第二專長、創業的各項能力，讓自己在最短時間內先成為行業中的專業佼佼者，2～3 年的時間後自然會走向創業之路，創業成功就會有更大的資本與人脈，到時候再看準時機、做好功課，用大錢滾出被動收入當生活費以及退休金。請大家提筆

寫下：

我願意即日起每週撥＿＿＿＿＿＿元的預算買書。

看哪一類的書對今年工作、職掌、提升技能最有幫助：＿＿＿＿

＿＿＿＿＿＿＿＿＿＿＿＿＿＿＿＿＿＿＿＿＿＿＿＿＿＿＿＿＿。

我最急需提升那一類技能：＿＿＿＿＿＿＿＿＿＿＿＿＿＿＿。

我願意每週看＿＿＿＿＿＿本書。

在此，我＿＿＿＿＿＿＿（填姓名）先寫下 10 本書的書名，

並且承諾一個月內看完。

1. ＿＿＿＿＿＿＿＿＿＿＿＿＿＿＿＿＿＿＿＿＿＿＿＿＿＿。

2. ＿＿＿＿＿＿＿＿＿＿＿＿＿＿＿＿＿＿＿＿＿＿＿＿＿＿。

3. ＿＿＿＿＿＿＿＿＿＿＿＿＿＿＿＿＿＿＿＿＿＿＿＿＿＿。

4. ＿＿＿＿＿＿＿＿＿＿＿＿＿＿＿＿＿＿＿＿＿＿＿＿＿＿。

5. ＿＿＿＿＿＿＿＿＿＿＿＿＿＿＿＿＿＿＿＿＿＿＿＿＿＿。

6. ＿＿＿＿＿＿＿＿＿＿＿＿＿＿＿＿＿＿＿＿＿＿＿＿＿＿。

7. ＿＿＿＿＿＿＿＿＿＿＿＿＿＿＿＿＿＿＿＿＿＿＿＿＿＿。

8. ＿＿＿＿＿＿＿＿＿＿＿＿＿＿＿＿＿＿＿＿＿＿＿＿＿＿。

9. ＿＿＿＿＿＿＿＿＿＿＿＿＿＿＿＿＿＿＿＿＿＿＿＿＿＿。

10. ＿＿＿＿＿＿＿＿＿＿＿＿＿＿＿＿＿＿＿＿＿＿＿＿＿＿。

各位讀者學員們繼續加油，繼續提筆寫下：

我每個月會去聽＿＿＿＿＿＿場演講。

我這個月會去聽有關＿＿＿＿＿＿＿＿＿＿＿主題的演講。

因為我想要改善＿＿＿＿＿＿＿＿＿＿＿＿＿＿＿＿＿＿＿。

因為我想要提升_____。

我的年收入×10倍＝_____元
那我要提升自己哪些程度？如何提升？

| | |
|---|---|
| 下班和休假時應做哪些事？ | 每月聽____場演講 主題：_____ |
| 要改掉哪些缺點？ | 我_____答應自己一定做到 → 每月去____次書店／圖書館 每週閱讀_____本書 |
| 多和哪些人往來？ | 收入來源 |
| 參加什麼團體？ | 每年進修____次課程 主題：_____ |

我_____（填姓名）今年到明年願意用 2 整年的時間，專心培養一個，對，就是一個「第二專長」。此專長的主題、類別是：_____。

時數：_____。地點：_____。

單位：_____。學費：_____。

這個第二專長一定要能夠幫助我目前的工作，同時有機會幫助我明年或後年被升遷加薪，最好能幫助我可以換到更高職位、更高薪水的公司。最後，我要將自己的主要專長與第二專長結合，並且再鑽研更深厚的理論與專業知識，來成為我的超級特

殊技能，不只超越同事，也讓多數同行無法超越我，是的，我一定會在 3 年內成為我行業中的頂尖專家、佼佼者，然後創業，用 5 年賺到 50 年的收入！

## 專家分享

華人第一網路創業家　　**小M老師**

　　經營 5 個不同產業，開設 20 種不同主題的職能課程，在2018 年聖誕夜於紐約時代廣場的大型廣告電視牆上發行個人EP的 小M老師，是全台灣獲獎最多的網頁設計、網路行銷第一高手，多年來樂於助人的他，都會先研讀、觀察每年年底到隔年會發生哪些趨勢，然後逆向思考哪些人（職業）可能會因此而受益、受損？接著快速整理好第一手最強新知告訴大家，這就是成功者最重要的態度之一：勇於嘗試、執行力、快速學習、思考、分享。

　　小M老師也跟我分享創業有成的心得就是「資源整合」，把 2～3 樣以上看似不同主題的東西（不論有形或無形）做整合，讓人們在同一時間、地點一次使用某個服務來同時滿足不同需求。例如：多數人利用閒置店面經營夾娃娃機，造成市場競爭激烈，使用者玩久了總會膩，於是很快泡沫化，但小M老師就規劃出可以同時讓手機充電、看影片（影片內容也可讓某些廠商下廣告）、上網的夾娃娃機，並且放在各洗車場、咖啡館、商店、小兒科診所門口，自動發送訊號讓周遭正在使用Google 地圖的人得知哪裡有這一台機器，解決多數人想要手機臨時充電的需求，夾到的娃娃還會附上商品折價券，刺激用戶跟該店家消費。

　　由這個案例可以得知，創造財富的基礎就是用心多了解、多觀察生活中哪一群人有什麼樣的痛點需求，想出具體的解決

方案（產品或服務）後，再繼續聯想客戶還會再產生什麼第二、第三痛點需求，接著把1～3個解決方案整合在一起，找出製造商、供應商，計算成本、定價與利潤，接著規劃出讓人可以合作參與的方案，將市場做大，讓利授權助人成功，如此一來人人都是贏家，自己也可實現夢想。

千碩我也曾經在小M老師的臉書看到他分享的文章〈世界上最有正能量的語言〉：

1. 能控制住對方發火的語言：對不起！
2. 築起謙虛人格的語言：謝謝！
3. 讓對方挺起胸膛的語言：做得好！
4. 能召喚和解與和平的語言：我錯了！
5. 能提高存在感的語言：你最棒！
6. 把對方心情UP的語言：你今天真帥！
7. 能帶來更好結果的語言：你的想法如何？
8. 溫馨安慰的語言：有沒有需要幫忙的？
9. 使對方的自信心像波浪滔天的語言：怎麼想出來的！
10. 使熱情泉湧的語言：年齡只不過數字而已！
11. 能帶來200％能量的語言：相信你！
12. 使人鼓起勇氣的語言：你可以的！
13. 比護身符更有用的語言：為你祈禱！
14. 比忠告更有效果的語言：每次不會一帆風順。
15. 不用錢買就能引起好感的語言：跟你在一起的感覺真好！
16. 鼓勵子女前程的語言：真為你驕傲！
17. 為重新開始鼓起勇氣的語言：沒關係，一切都會好起來的！
18. 對親愛的人給予關愛的語言：你是我的唯一！
19. 讓對方感到與眾不同的語言：果然你是不一樣的！
20. 能撫慰對方疲倦心情的語言：這些天辛苦了！

學會說話能給人溫暖，給人鼓勵，給人讚美，給人信心，給人方便，給人希望，給人智慧！這段文字和小M老師的為人一樣溫暖，讓人很感動，以上20個情境與對話能幫助您人生更快樂喔！

愛上閱讀
# 助你實現人生各階段夢想

夢想不會逃走，逃走的往往只是自己。有些事，千萬別等老了才去做，因為不一定能活到老的那一天。就算活到 70 歲或 90 歲也不見得有體力、有錢去做自己年輕時的夢想，今天就計畫好明年一定要完成的一個夢想，一個就好！

請立即提筆寫下 2 年內最想達成的目標，或此生最想完成的第一號夢想：

寫完之後，換左手拿筆，畫出 2 年內最想達成的目標，或此生最想完成的第一號夢想：

```
┌─────────────────────────────────────────┐
│                                         │
│                                         │
│                                         │
│                                         │
│                                         │
└─────────────────────────────────────────┘
```

簽名：＿＿＿＿＿＿＿，日期：＿＿＿＿＿＿＿。

# 精采的影片可以重播倒帶，人生卻無法重來

小時候，老師問我們長大後的夢想是什麼？同學們開心地回答後，老師會說：「很棒喔！」但接下來卻沒有教大家如何擬出具體的執行計畫，久了，便忘記夢想。千碩我從小就非常喜歡打電動，那時候學校成績很不理想，對讀書沒興趣，只喜愛看漫畫跟卡通，有時看同學打同一個主題的電動遊戲 20 回合，覺得很簡單，於是投下 5 元硬幣玩了第一場，沒想到 3 分鐘內就被 KO 了，不服輸的我再多玩幾回合後，越打越起勁，開始試著記住對手的各種出招模式，以及如何避開那些容易死掉的環節，便開始一一過關。

長大後研究腦力開發領域，才發現人腦若沒有執行今天腦海裡的某個想法、創意、計畫，只有看別人做，其實自己是記不住

的，隔天這些夢想就會變成頭殼裡的排泄物，有拉掉還好，至少還有空間繼續想新的，沒拉掉的，久了就變成便秘，也就是變成負面思考，會一直懷疑自己為何諸事不順？為何無法心想事成？當負面思考（便秘）塞滿整顆頭時，遇到人說出來的話就會很臭，也就是口氣不好、態度不佳。

23 歲起，我就觀察某個親友、同事，聊個天沒幾分鐘，他就開始抱怨老闆、政府、薪水、人生、女朋友、天氣、全球經濟，甚至抱怨是因為某歌手辦演唱會，才害他當月業績退步，反正人生很不順都是別人的錯，從沒聽他說到自己有缺點，也沒看他主動聽演講、閱讀、進修，甚至連我約他去書店都不願意，多年來我總結發現，這些喜歡抱怨講臭話的人，幾乎家庭關係不好、職場表現不好、健康不好、容貌長相很抱歉（相由心生）、收入也不好，總之，只要是喜歡抱怨不喜歡進修的人，沒有一個是有成就的，相對的，這種人對家庭、對公司、對社會也沒有貢獻。

這些書讀太少、只會說夢話、滑手機、沒有計畫、父母親沒有以身作則的人，因為一直做不到自己說的夢話，就會開始否定人生。30 歲時還待在基層，直到發現大學同學已經年薪百萬，才後悔自己不夠上進；40 歲時還存不到第一桶金，直到發現中學同學已經創業成功，才後悔自己不夠上進；50 歲時還在

煩惱小孩學費、父母醫療費，直到發現小學同學已經退休，常帶家人環遊世界，此人還繼續後悔自己不夠上進。年紀一直增長，體力與腦力一直退化，每年都在後悔自己不夠上進，而且肯定都是在缺錢用的時候才會後悔，精采的影片可以重播倒帶，人生卻無法重來啊！

請您現在立即提筆寫下：

1. 小時候到出社會前有哪 3 個夢想：

   (1)＿＿＿＿＿＿＿＿＿＿＿＿＿＿＿＿＿＿＿＿＿。

   (2)＿＿＿＿＿＿＿＿＿＿＿＿＿＿＿＿＿＿＿＿＿。

   (3)＿＿＿＿＿＿＿＿＿＿＿＿＿＿＿＿＿＿＿＿＿。

2. 實現了哪一個？＿＿＿＿＿＿＿＿＿＿＿＿＿＿＿。

   原因是：＿＿＿＿＿＿＿＿＿＿＿＿＿＿＿＿＿＿＿。

3. 沒有實現哪一個？＿＿＿＿＿＿＿＿＿＿＿＿＿＿＿。

   原因是：＿＿＿＿＿＿＿＿＿＿＿＿＿＿＿＿＿＿＿。

4. 如果能回到小時候，我願意學好＿＿＿＿＿＿＿（哪個技能？）幫助我實現：＿＿＿＿＿＿＿＿＿＿＿＿＿＿＿。

   如果有實現，也許現在的人生／生活型態是：＿＿＿＿＿

   ＿＿＿＿＿＿＿＿＿＿＿＿＿＿＿＿＿＿＿＿＿＿＿。

5. 今天＿＿＿＿年＿＿＿＿月＿＿＿＿日，希望 3 年後的我能夠實現哪一個新的夢想？＿＿＿＿＿＿＿＿。

   是的，非得要實現的一個目標夢想，一個就好，雖然目前

的我做不到，但只要願意多讀一點書、多和程度比我高的人請益，就能達成的夢想。

6. 為了不讓生命的影片因為無法再倒帶而又再後悔一次，我發自內心的堅定、相信，這一次一定會實現 3 年後的這一個目標夢想：＿＿＿＿＿＿＿＿＿＿＿＿（再寫一次）。

7. 有了小時候的經驗，終於得知，人要達成某個目標，就要具備相關條件，也就是知識、技能。所以從今天起，我要學習什麼技能、具備什麼條件？＿＿＿＿＿＿＿＿＿＿。
我願意今天開始每週閱讀＿＿＿＿本書，主題全部和該技能相關。

8. 為了不讓自己的人生再次拖延，我決定「後天」或「明天」就去書店。（請圈選，二擇一）

以上，千碩我 10 多年來每天都會問自己，我的人生曾經錯過了什麼？明年一定要達成的一個新目標是什麼？那我應該明年再去學習該技能，還是明天就起身？我的答案永遠是今天！

**專家分享**

自由系統創辦人　　**李奧 LEO**

　　成功不難，習慣而已，在對的趨勢方向執行修正並堅持到成為止！成功創業多年的李奧，最大的心得與經驗就是過去這 10 多年來，科技讓時代改變太快，商業模式不斷變化、推陳出

新，可能去年看到某家企業的某個商模策略很厲害，聽某個人說有多成功，到了今年，成功寶座很快就換人坐。每到新的一年，總是會有因應時代的變化所產生的新模式出現，甚至是明天，某一家同業或非同業的一個新策略公開後，立刻把你的客戶與團隊帶走，這種現象更加頻繁。所以領導人、主管、企業主真的要不斷地與時俱進，持續充電學習，才能讓團隊與公司跟得上時代變化。平常要多觀察趨勢與閱讀，久了才會培養出好的敏感度，才能洞燭先機，預見可能產生的機會與可以創造哪些財富。

對於成功，我覺得選擇比努力重要，方向比選擇重要，趨勢比方向重要，在對的圈子與團隊更重要！成功的速度在於選擇對的圈子，因為有價值的資訊會在這個圈子產生，跟誰合作將決定成功的速度，在對的圈子就能更有智慧地判斷與決策，當機會出現時，就能更加快速地做出決定，這也是這個時代必須擁有的能力之一，否則有可能你都還沒開始做事（賺錢），該商機的熱點就已經結束了。

時代在變，工具在變，創造財富會越來越簡單，而創造財富只在於有沒有在對的時機點，跟到對的團隊，用對的方法工具，進到對的圈子，跟對的人綁上關係，這是很重要的！世界上的財富分配鐵律永遠是「資訊落差」，而你所在的圈子將會決定這落差的快慢與大小。像接下來最大的商機趨勢一定是在日常生活消費電商平台裡，看現在的微商與網商如此盛行，加上淘寶每年的雙十一都在創紀錄，就能略知一二。

所以我現在的重心全部集結在跟某大集團共同打造全球新連鎖系統，以指尖經濟為基礎，打破以前要進貨囤貨的觀念，用最無風險的方式，透過電商＋互聯網，打造全球連鎖的消費網絡，讓創出來的全世界消費都跟我們合作夥伴有關係，透過打造全球新連鎖網絡系統，讓大家是消費者的同時也是利潤共享者，買生活用品也能創造財富！目前我實在想不到還有什麼商機，比民生消費還要大與持續！誰能搶先一起搭上這波以社

交電商為基底的全球新連鎖趨勢商機，誰就會是新時代的贏家。

　　至於如何成功帶領團隊，李奧的經驗是「文化、使命、以身作則」，透過堅定的信念打造系統團隊。小時候看到父母親為了我們小孩子不眠不休加班創業，非常辛苦，所以我在很小的時候就告訴自己，要創造一個能讓家庭幸福美滿的生活品質，而這樣的印記與信念，不斷地督促著我提升並打造屬於自己獨一無二的完美人生。

　　為了達成各階段目標的過程中所遇到的困難與挫折，在完美的人生中點綴著不完美，然而在挑戰跨越後，所寫下的紀錄卻又如此精采與美麗。生命並非一個發現的過程，而是一個創造的過程，你並不是在發現你自己，而是在重新創造你自己。我非常熱愛創業，如果創業是一種信仰，我將會一直在求聖的道路上！

# 只有努力是不會成功的

過去 15 年來，千碩我教導腦力開發，在教室裡親自調查過 1 萬人，詢問他們一個問題：如果你們靠自己成為有錢人、中樂透、60 歲退休了或在上天堂之前，此生最想實現哪些夢想？得到最多答案的第一名就是：「環遊世界！」接著不排名答案最多人回答的為：擁有豪宅跑車、父母健康、比賽冠軍、創業開店、結婚生子、成為名人或偉人、上外太空、開民宿、開咖啡館、出書當作家等。

為何多數人在說夢想時都回答的很快，但卻很少有人可以實現

呢？關鍵在於：腦力與行動力。要如何心想事成？答案就是「能力」。當一個人在某個行業或領域能力越強、價值越大，表現機會自然比別人多，成就、收入、生活品質自然會提升。而「卓越的能力」要如何培養？唯有透過「學習」，先打造一顆更聰明的大腦，擁有一目十行、過目不忘的能力，擁有高速分析、大量創意的能力，腦力越聰明，工作越有效率，應用在創新商業模式，讓表達有魅力，人人喜歡你，再強化你的演講簡報能力，一次可以說服影響百人、千人！強化以上能力，都是直接讓各位在最短時間內成為你公司、行業裡的頂尖人物。

人生只有一次而且非常短暫，有些精采只能經歷一次，有些景色只能路過一回，當等待成為一種習性，就會在等待中蹉跎歲月，所以一個人再聰明，若積極度不高、愛拖延，聰明也發揮不了用處，可惜了上帝的美意；而只知道傻傻努力工作，以為可以「憨人出頭天的人」，結果競爭對手只花了 750 元從台中坐高鐵快速抵達台北，搶先你一步和客戶碰面並完成了生意，而你卻為了省錢坐火車或客運，讓機會一再錯過。而這個客戶的角色在你一生中可以換成準女友、考試、創業機會、貴人。

在現今的地球，科技與網路進步速度越來越快，資訊傳播、職場變化、產業變遷、知識技能都比以往新增的速度還要快，所以，努力的人是不會成功的，快速學習、快速思考、快速執行

的能力，方可助你成功，這是世界首富比爾蓋茲在他的暢銷書《數位神經系統－與思想等快的明日世界》和演講所提到的：「如果 80 年代的主題是品質，90 年代是企業再造，那麼西元 2000 年起的關鍵就是速度！」

幾年後看別人已經逐步完成夢想，自己卻和 10 年前沒太大差別，就是因為此人懶惰、沒行動，以及頭腦不夠聰明。現在就起身去實現夢想吧！透過腦力開發讓自己更聰明，執行計畫讓自己持續前進，否則家人、身體機能、時間、競爭對手、科技都不會等你的，因為人生是無法倒帶！

前面提到，10 多年來問過上萬名的學員，大家最想實現的夢想是什麼？所有人都說「環遊世界」，這絕對是前三名或第一名的夢想，但為何全世界 70 億人口很少有人做到呢？因為環遊世界需要「同時」具備有錢＋有閒＋有健康＋有體力＋有語言能力＋有行動力＋有勇氣，實在是非常非常不容易。全台灣或全華人靠自己做到的人，應該不多，更何況千碩老師我在西元 2008 年（28 歲前）就獨自一人環遊世界七大洲。而且我第一份工作（21 歲時）還是個在路邊發傳單面紙的工讀生，是什麼原因讓我改變這麼大，進步這麼多！答案就是：擁有一顆聰明的大腦並且多閱讀：

1. 閱讀讓我有知識有常識，所以工作表現好＝收入高；閱讀

鍛鍊我思考該書作者寫的內容，久了讓我懂得延伸出自己的人生方向。

2. 閱讀讓我對社會、人文、各行業、世界有更多理解與好奇心，於是幫助自己可以更善於和各種不同職業背景的人交流，提升人際關係，幫助創業順利，收入更高。

3. 閱讀讓我掌握時事趨勢＋國際議題，讓我更想走出去旅行，同時幫助我投資理財。

4. 閱讀讓我修身養性、放下執念，幫助我更珍惜生命。

5. 閱讀讓我在前進夢想的路上若遇到困惑與瓶頸時，能夠及時給我答案以及勇氣。

6. 閱讀讓我省更多錢，因為我幾乎排滿一整天行程都以閱讀為主，心靈滿足了，當然就沒什麼太大的物質慾望想花錢。

7. 閱讀讓我更珍惜時間，當有陌生人剛認識我，由他開場或主控聊天話題，若他沒有談論到對彼此人生有益的話題，而是在亂扯閒聊時，當話題結束後，我會覺得很難受，人生被白白浪費掉了，不如將剛剛聊天的時間用來閱讀，還可以增長有用的知識，讓我更有價值，讓我可以給家人好生活，讓我可以教育女兒。

8. 閱讀讓我可以在講課時教學員更多知識，因為這是當老師應該要有的責任。

因此千碩我見面往來的，幾乎都是愛閱讀的人，或碰面聊天時

都是聊「對彼此」今年人生目標有助益的話題，若由我開場或掌握聊天主控權的話，談話內容幾乎環繞以下 2 點：

1.  最近彼此讀了哪些書，有何啟發與靈感？

2.  請教對方的專業，若對我的夢想有幫助，我就持續請教下去，讓對方說話、發揮所長。話題結束後，我會表示感恩，因為他教我許多，而他呢？更是開心，因為我讓他知道今天有一個人非常崇拜他，所以他今天會很有成就感。如果對方的專業跟我的夢想無關呢？那我會盡快轉換話題，再問對方：您今年或明年的目標是什麼？或您此生的夢想是什麼？聽完後，換我說那我的專業可以幫助您，今天這樣的對談，彼此都有所成長。反之，若對方要瞎聊、抱怨、八卦的話，我會嘗試用各種明示與暗示，讓話題趕快轉到正面積極或對彼此今年目標有益的，若對方幾分鐘內還是不改變，我就會立即結束話題，表示我有更重要的事要去處理，下次見，若以後我和此人又在某個地方巧遇，我還是會再給對方機會，引導他聊聊對彼此生命有幫助的話題。

在我和成千上萬人的聊天經驗裡，合理歸納出，多數有文化與教養、有讀書、事業成功、有錢、家庭幸福的人幾乎不太會和人亂瞎聊、抱怨、八卦。以上，您看完後有得到什麼啟發呢？

千碩我這本書就是要指導你趁年輕時（從今年起），趕快有錢

有閒，常保健康狀態，和家人一起實現夢想（例如：環遊世界），你想要這種美好人生嗎？想的話，就請務必記得：每個月多數時間優先專注於工作（才有收入），優先陪伴家人，然後剩下的時間全部用在閱讀、進修，並且只和愛閱讀、會主動進修的人往來即可，等你程度越高、收入越高時，就要改成閱讀時間變多，讓工作時間變少。和朋友碰面時多分享彼此讀了哪些書，關心對方的夢想，提出你的專業如何協助他實現夢想，你們可以怎麼合作。然後換你說出你的夢想給朋友聽，也請朋友發揮他的專業技能來協助你實現你的夢想，光是工作賺錢、陪家人、運動、閱讀、進修、只和可以互助實現夢想的幾位知己往來、旅行、吃飯、……相信一整個月、一整年的時間就已經排滿用在對人生最有益的地方，到時候就會發現，根本不會想要浪費時間在不愛閱讀、不進修的人身上，而你會越來越充實，越來越有活力，夢想也會一一的實現，當然，也歡迎您來找千碩老師我談談夢想喔！（還有最近讀了哪些書）

我最愛閱讀的書之一就是台灣的《商業周刊》，每週一本，進度剛好，不僅標題吸引人、符合時事與趨勢，更可以說他們在創造趨勢，而且是正向的話題，長期以來幫助我在上電台、演講、授課時可以談許多國內外的商業議題，對我的表達能力與專業形象有極大加分效果，所以我一直很推薦學員務必養成習慣「長期閱讀」《商業周刊》，其優點為：編排舒適、內容明

確、圖解易懂，在說明某些公平正義、政策思想、商業活動（不論正面負面）時都能客觀透明，直接了當，軟硬兼施，讓人充電一整週，真的很感謝台灣有這麼好的刊物，讓人民更進步。其中，我特別愛看何飛鵬先生的文章以及延伸閱讀到他的「自慢」系列，在人生智慧與工作、創業上有很大的助益。

千碩我一週要看5～7本書，有時10本書，幾乎整年的每一天都在閱讀。我也教速讀，教學生閱讀的技巧以及如何看書更快速，節省時間又可增加更大量知識。我覺得推廣全民閱讀是一件很重要的事，可以有效提升國家競爭力，對下一代孩子的品德與教養有非常大的功效，全家人應該一起養成閱讀習慣，特別是父母親更要以身作則。而我也樂在其中，覺得推廣閱讀是人生最幸福的事之一，希望有朝一日能實現人生的夢想之一：開一間全世界最美的書店。如果能實現，我一定會感動到喜極而泣、淚流不止的！因為我一直認為，人的一生若能完成心中最大的渴望，那是一種自我實現，只有實現心目中最高的理念，此生對自己而言，便活得完全有價值，不會有遺憾。感謝上帝，阿門。

所有愛閱讀的讀者們，感謝您們支持千碩老師我這一本著作，您可以和同事、親友們組一個讀書會，一起討論交流彼此的「迷你退休」夢想有哪些，相信你們的夢想會實現的更快喔！

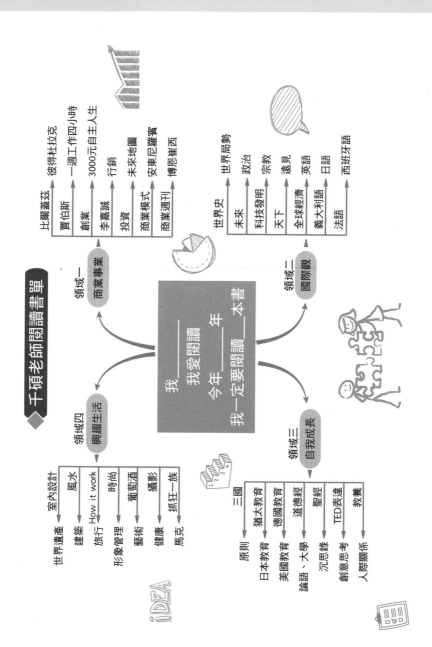

千碩老師閱讀書單

我＿＿＿＿＿
我愛閱讀＿＿＿＿
今年＿＿年
我一定要閱讀＿＿本書

領域一
商業事業
- 比爾蓋茲
  - 彼得杜拉克
- 賈伯斯
  - 一週工作四小時
- 創業
  - 3000元自主人生
- 李嘉誠
  - 行銷
- 投資
  - 未來地圖
- 商業模式
  - 安東尼羅賓
- 商業週刊
  - 博恩崔西

領域二
國際觀
- 世界史
  - 世界局勢
- 未來
  - 政治
- 科技發明
  - 宗教
- 天下
  - 遠見
- 全球經濟
  - 英語
- 義大利語
  - 日語
- 法語
  - 西班牙語

領域四
興趣生活
- 世界遺產
  - 室內設計
- 建築
  - 風水
- 旅行
  - How it work
- 形象管理
  - 時尚
- 藝術
  - 葡萄酒
- 健康
  - 攝影
- 馬克
  - 抓狂一族

領域三
自我成長
- 原則
  - 三國
- 日本教育
  - 猶太教育
- 美國教育
  - 德國教育
- 論語、大學
  - 道德經
- 沉思錄
  - 聖經
- 創意思考
  - TED表達
- 人際關係
  - 教養

龍巖集團處長　**吳淑琴**

　　18 年前因緣際會踏入龍巖公司，為了讓家庭、孩子過更好的生活，努力工作，終於翻轉家庭的生活，也帶著孩子擁有更寬廣的視野，18 年堆疊了豐富的經歷，協助客戶們理財配置，也看見人生百態，體悟生命珍貴，覺知每個緣分背後的禮物。

　　人生是一趟單程的華麗之旅，年近花甲之時將事業傳承給女兒稜容，迎接第二青春期，探索生命心靈之旅。有一回朋友邀約餐敘，認識了千碩老師，老師真誠的笑容，分享超強記憶，絕佳的邏輯，將腦袋瓜的創意用化繁為簡的方式演講。我被他的整合能力深深吸引，帶著好奇心嘗試新的課程學習，在兒女的陪同下，我們三個已完成天才學院一年的課程，每個學習都是更新的過程，讓我們擁有更清晰的方向。

　　千碩老師是一位典範，有超強的執行力，創業成功、財富自由，是個擁有老靈魂的年輕人，他鼓勵孩子們越年輕學習越好，也鼓勵中老年跟著年輕人學習新知，感染青春創意，縮短探索的時間與節省資源，能夠事半功倍提早完成夢想。夢想不分年齡，一起享受學習成長的喜悅吧。

# Chapter 5

# 腦力開發

提早實現退休夢想 &
實踐迷你退休的生活。

透過腦力開發
# 擁有更強的職場競爭力

一個年輕人覺得自己懷才不遇，有志難伸。一位智者把一粒砂子扔在沙灘上對年輕人說：「請把它找回來。」年輕人說：「這怎麼可能！」接著智者又將一顆珍珠扔到沙灘上，問年輕人說：「那現在呢？」如果一個人只是沙灘中的一粒砂，那就不能苛求別人來注意自己；如果想要得到別人的認可，就要想辦法讓自己變成那一顆珍珠。

腦力開發就是開發大腦的潛在能力，讓人在最短時間內超級專業、充滿魅力，成為群眾裡最容易被發現的人。透過講師的授課指導與教材演練，包含簡報、問答、遊戲、互動、思考、筆記、上台發表、小組腦力激盪、生活應用，幫助你擁有絕佳的「學習力、思考力、表達力」。腦力開發後可以看書更快，理解力、邏輯分析變強，抓重點、做筆記，擁有超強記憶力，產生更多創意，快速整合資訊省時間，提升表達能力。

前面章節提過閱讀很重要，但多數人常抱怨書太多看不完，工作時間長沒空看書。其實真正的原因是：看書太慢。若能提升閱讀速度與理解力、記憶力，每天只要撥出一小段時間就能閱讀更多知識。21 世紀已是超倍速時代，物聯網、機器人、人

工智能智慧越來越先進，導致許多行業快速衰退、消失，接踵而來的減薪、裁員將是常態。所以要大量閱讀了解最新趨勢、大量閱讀自己行業的動態、大量閱讀國際資訊找到新的跨國工作機會、投資機會，大量閱讀未來想要創業的行業專業知識，快速學習新的知識、資訊，擁有聰明年輕的大腦以及快速閱讀能力，將是終身受用的競爭力。

管理大師彼得‧杜拉克（Peter F. Drucker）說：「你的知識和經驗，都是你的新財富。懂得學習，一半靠好奇心，一半靠自律。」杜拉克即使再忙，每天也會擠出 3 至 5 小時讀書，唯有保持學習的自律，才能獲得一生受用的知識財富。

現代人工作繁忙，下班就累得只剩滑手機的力氣，並不是因為白天工作事務太多，而是工作排太滿，以及腦力太弱、閱讀速度和記憶力不夠強，所以必須慢慢執行以及重複確認，若是經常遺漏重點甚至犯錯，就要花更多時間去處理不重要的鳥事，於是人生就這樣一晃眼 40 歲、50 歲了，還沒有成就、還沒有存到退休金。唯有大腦升級更聰明，才有辦法在白天時更輕鬆地完成大量困難的工作，下班和假日時頭腦與體力還可以很好，繼續進修重要的賺錢技能。

腦力開發為美國哈佛大學、英國劍橋大學致力研究的優等教育方式，在日本及德國亦盛行多年。科學與醫學指出，多數人一

生只用了 3 ％的腦力，天才大約用了 5 ％～7 ％，愛因斯坦用了 13 ％，被公認全世界最聰明的達文西依他當時在文藝復興時期所展現的智力，若等比例用在現代社會的話，則可能用了 26 ％的腦力。而哈佛大學與劍橋大學就是為了培養出心智更強的人類，在各個領域上都能發揮得更好以造福世界。目前全球 500 大企業高階主管均接受腦力開發訓練，協助企業與個人工作更有品質與效率，特別是創新研發以及擬出更獨特的商業模式。

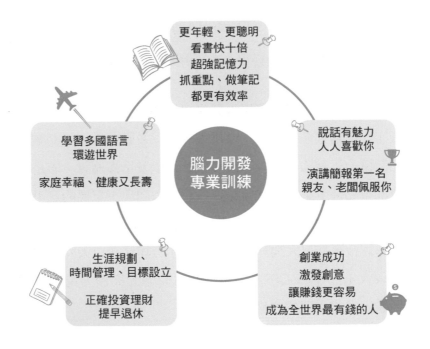

# 無法選擇自己的出身但可以選擇未來

竹子在生長的前 4 年，只會長高 3 公分；第 5 年開始，每天長高 30 公分，為期六週長到平均 15 公尺為止。在前 4 年，竹子將養分先分配給地底下的「根」，當深根超過 100 公尺可大量吸收土壤養分時，便持續將能量往上帶給主枝幹及莖葉。人也是一樣，下班與假日除了運動陪家人之外，若將剩餘時間都用在深根（如：大量閱讀、進修、學技能等），前 4 年也許和同事沒有太大差別，但是當能力累積到一定程度時，其產生的價值（收入、自由）一年比一年高，而且會越來越輕鬆達成目標。

來跟千碩我學習腦力開發的人當中，有 10 ％的學員年紀超過 60 歲，20 ％的學員年紀超過 50 歲，30 ％的年紀超過 40 歲，40 ％的學員超過 30 歲，只要頭腦沒受損、還沒老人痴呆，大腦都是可以再訓練更聰明、更年輕有活力。我始終堅信「善念、愛學習、愛助人」的人就能提升能力、幫助社會、讓世界更美好，這也是我多年持續教學的動力與信念。前美國總統歐巴馬的夫人蜜雪兒曾經在一次演講中提到：「為了國家競爭力與孩子的未來，父母親一定要以身作則。」我聽完後感動到淚流不止，真心希望更多家長也能主動提高文化素養、積極終身學習，成為孩子的好榜樣。而腦力開發這一門技術，就是全家大小可以一起進修的技能，從孩子到父母親到家中長輩，都可促進身心靈健康與提升競爭力。

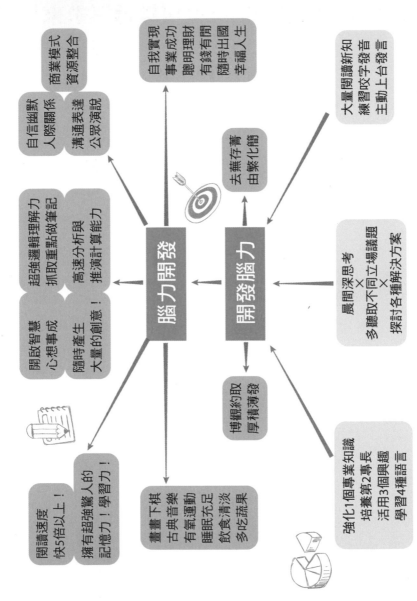

開啟智慧
心想事成
隨時產生
大量的創意！

超強邏輯理解力
抓取重點做筆記
高速分析與
推演計算能力

自信幽默
人際關係
溝通表達
公眾演說

商業模式
資源整合

自我實現
事業成功
聰明理財
有錢有閒
隨時出國
幸福人生

大量閱讀新知
練習咬字發音
主動上台發言

去蕪存菁
由繁化簡

腦力開發

開發腦力

晨間深思考
X
多聽取不同立場議題
X
探討各種解決方案

博覽約取
厚積薄發

閱讀速度
快5倍以上！
擁有超強驚人的
記憶力！學習力！

畫畫下棋
古典音樂
有氧運動
睡眠充足
飲食清淡
多吃蔬果

強化1個專業知識
培養第2專長
活用3個興趣
學習4種語言

全世界公認最好的教育體制及教學方法就在芬蘭，芬蘭的孩子們從小就腦力開發創意思考，上課沒有固定教材課本，老師依照時事做教學變化。而千碩我在 24 歲開始，10 年多來也都是用這樣的方式來教學生，令我佩服的是，芬蘭在教育上即使已經是公認的世界第一，也是全球許多國家的取經範本，但芬蘭教改的腳步沒有因此停下，戒慎於未來，且不斷謙卑反思，每 10 年就教改一次，所有第一線教育工作人員都知道要隨時「適變」，同時預備了必須「與時俱進」的心態。同樣的，人若沒有改變自己，肯定會被社會淘汰。許多人會將自己與孩子的前途責任都歸咎于政府以及填鴨式教育，事實上，許多制度、陋習、習慣一時無法改變，別把希望放在他人身上，你只能自救，把閱讀、進修、鍛鍊腦力、培養專長視為生活中最重要的一部分。

所有家長若想要孩子在某個領域有所成就，通常會讓他閱讀與學習某個領域的專業知識，而最快的方法是找老師、教練做訓練。若希望孩子成為奧運游泳選手並獲得第一名、金牌，肯定會讓孩子從小就開始找某個比較會游泳的親戚、鄰居先指導玩樂一下；然後再找社區或家附近的年輕教練指導；孩子若一直進步，勢必會開始找全台中市最知名、專業的教練再加強（假如你住台中），直到孩子游泳技術越來越厲害；準備要參加全國比賽時，你就會換成國家級教練來指導；當孩子比到全國冠

軍第一名，有資格出國比賽時，此時孩子的教練肯定會想辦法找到更厲害的「世界級、奧運級」教練來一起訓練。

不論哪一個行業都一樣，很少看過哪一個成功人士、傑出的選手、科學家、發明家、歌手演員、藝術家、建築師、醫師、講師能夠從小到大都沒有老師、教練的指導後，竟然靠自己無師自通，還有辦法成為該行業的頂尖佼佼者，甚至成為世界級偉人，這種自學成功的天才，很少，真的很少。既然多數成功人士都是被長期訓練後，再加上他們自己用心的練習，才有好成就，那麼你自己已經多久沒有找專業的教練來訓練你了？你的大腦過去用了 20～30 年，是否有覺得自己很聰明？有越來越聰明？反應快？記憶力強？有創意？口才好？運算數字、分析能力變強？過去 5 年來，工作的表現與收入有每一年大幅提升嗎？若沒有，你還用同樣的模式、頭腦繼續面對現在的工作，那 3 年後、5 年後、10 年後，你的人生會跟現在差不多，甚至變更差，因為你沒進步，而世界在進步，等於你在未來變退步、被淘汰。

大腦也是需要被鍛鍊才能發揮更大效用，這就是為什麼 30 年來歐美日許多元首、頂尖大學、企業家都在學習腦力開發。同樣的，若想趁年輕賺取夠多財富，達到提早退休或是迷你退休，那麼透過腦力開發擁有更強的職場競爭力是最好的選擇。

千碩老師腦力開發讓我思緒清晰，工作有效率！

劉崇慶、詹前誠、佳蓉 Nina

**專家分享**

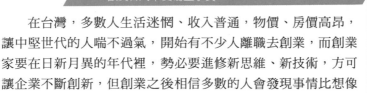

御鋒車業有限公司
歐美日汽車貿易董事長　　陳建勳

在台灣，多數人生活迷惘、收入普通，物價、房價高昂，讓中堅世代的人喘不過氣，開始有不少人離職去創業，而創業家要在日新月異的年代裡，勢必要進修新思維、新技術，方可讓企業不斷創新，但創業之後相信多數的人會發現事情比想像中繁忙百倍以上，現代的老闆越來越不好當，更別說抽空進修，連加班做事、睡覺時間都不夠了！

千碩我教過的學生超過萬人，多數學員都是喜愛學習才會來腦力開發，能夠讓我印象深刻又佩服的絕對是少數，而他將「進修學習」當成自己的事業看待，著實不容易！他就是御鋒車業有限公司歐美日汽車貿易陳建勳董事長。

堅毅的眼神、謙沖的態度，事業成功的他仍投入非常多時間進修學習，並且把許多大師的思考精華記得非常清楚，整合應用的很到位，在員工和同學之間是一位最值得效仿的好榜樣。

陳建勳董事長主要從事歐美日進口汽機車檢測調整與認證測試服務，這在台灣是非常少見的行業，工作內容極為專業，要對許多進口名貴跑車的機械原理和使用方式非常了解。陳建勳董事長常常需要開著客戶的車子先上高速公路做安全駕駛的測試，全台灣應該沒有幾個人比他更懂這些千萬名車了。此領域的專業養成與企業經營需要投入大量時間，能夠讓陳建勳董事長一年撥出時間到海外進修，又能創業成功的主要關鍵，也是企業與個人落實的五大管理：目標管理、心態管理、時間管

理、學習管理、行動管理。

　　陳建勳董事長給想要創業的人一個重要建議：人，在做任何事之前，要先給自己設定一個明確清晰的目標；懂得管理時間，知道該做什麼、不該做什麼，抓住重點做對事情；當目標達成有差距的時候，心態要積極，永遠想方法而不是找藉口；懂得持續學習，並把知識轉化成行動；在行動中反省改進，不斷超越。

　　在極速跑車領域工作多年的他，速度已經成為他比一般人更習慣的事，所領悟的人生智慧也非常精準簡約，建議讀者們可以多多思考自己的競爭力、執行力、學習力，是否有辦法跟得上超快速資訊的科技年代！

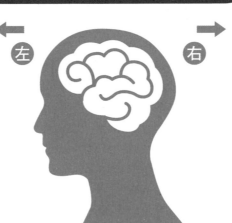

◆ **1981** 諾貝爾醫學獎 Dr. Roger Sperry

左　　　　　　　　　　　　右

低速腦　　　　　　　　　　高速腦

文字數字　　　　　　　　　圖像聲音

短期記憶　　　　　　　　　長期記憶

理解力　　　　　　　　　　創造力

## 右腦 Mind Mapping

# 整合思想、工作、生活與計畫

近代歷屆美國總統均透過速讀訓練，讓自己可以每日快速閱讀全球政商資訊，再加上 Mind Mapping 筆記技巧，強化記憶與創意、邏輯思考，再透過超強記憶訓練，達成過目不忘長期記憶，提升全方位的競爭力，在學習上、決策上節省寶貴時間，整天頭腦清晰、提高自信心；在商場上思緒清晰，快速專心，做事有效率。

我們從小到大接受的教育，讓多數人長大後看到書就害怕，從左到右、密密麻麻的文章，讓人心生恐懼，最後變成劃記許多紅線條、螢光底，因為不論從第一頁開始讀，還是從最後一頁開始讀，就是覺得每一個地方都是重點，閱讀與劃重點成為許多人的夢魘。這是因為人的大腦有左右腦不同的功能，兩邊都很重要，缺一不可，若其中一個腦出狀況，會讓人很難正常生活。而多數的文章、考試、工作專業知識的資訊呈現，多是以文字和數字、條列組合而成，這剛好是屬於左腦範疇。

左腦可以理解讀到的資訊，若沒有複習則難以立即記住，或是過幾天就忘了，特別是工作的專業知識，只要資料一多就很容

易忘記。但你會發現，多年前看過的電影，如「復仇者聯盟」，就算沒有複習，待會若在電視看到重播時，卻可以想出後面的劇情要演什麼：美國隊長、鋼鐵人、雷神跟好客合作打擊壞人，喔，應該是寫浩克，他在劇中沒有很好客，喜歡把外太空來的客人給打扁，還會說好弱的神。你會比較容易輕鬆、長期記憶卡通、電影、漫畫與流行歌的旋律，那是因為人的右腦屬於圖像思考與聲音、音樂記憶，但偏偏學校老師教的國語、歷史、地理、數學、自然科目這些內容，大多用左腦的條列式文字與數字來呈現，所以就連孩子也會遇到同樣的狀況：昨天背的英文單字、前天 K 的歷史年代、上週讀的化學元素表，在今天考試時只看得懂考卷上的題目，但回憶不了正確的答案，放學回家後很沮喪的說自己已經很努力複習 5 次了，但還是記不住，結果晚餐吃飯時打開電視，看到重播 3 年前的卡通「多啦 A 夢與大雄」，竟然可以說出這一集待會的劇情與結局。妙了，學校老師和升學考試沒有要考卡通劇情，孩子你記這麼清楚要幹嘛？

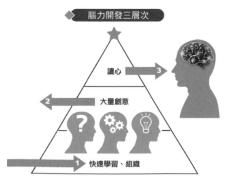

很多人會把自己記性不好歸咎於「年紀大」，的確，年紀大記性可能會變差，若你發現每年比每年差就要注意，可能是失智與痴呆的前兆症狀，千萬別鐵齒，趕快去檢查和治療。中年人或老人記性差，有可能是年紀大，腦細胞多少有些退化，但為何全國上下多數的小學生、國中生、高中生、大學生幾乎都有同樣的通病：前天複習 3 次的考試內容今天記不住，但前年看過的卡通都沒複習，今天重播卻還記得！人腦就是這樣，左腦能夠理解老師、老闆、老媽交代的事情，看懂書本裡寫的內容，但只要沒複習或沒有立即應用於解決某個問題時，很容易過幾分鐘或在隔天忘記文字與數字，可是右腦所讀到的卡通與電影是以圖像呈現，右腦會較輕鬆的把它長期記憶起來。

這就是腦力開發要教的重點，現在千碩老師我用右腦的方式，讓各位了解如何讓學習變得簡單。請先閱讀以下這一篇條列式書寫的文章〈美麗的寶島：台灣〉。

美麗的寶島：台灣

台灣的地理範圍分為狹義與廣義兩種，狹義單指台灣本島，廣義則是指中華民國政府實際管轄的區域（即台灣地區），包含台灣島及週邊附屬島嶼、澎湖列島、金門群島、南沙群島、東沙群島與馬祖列島。相對位置：亞洲中國大陸東南方，太平洋西岸，菲律賓北方，琉球群島西南方。台灣島位於西太平洋上，形狀似番薯，東岸為太平洋，西岸隔台灣海峽與中國大陸相望，南濱巴士海峽，北接東中國海。全島面積為 36,188 平方公里，南北長 394 公里，南北狹長，東西窄。地勢東高西低，地形主要以山地、丘陵、盆地、台地、平原為主體。山地、丘陵約占全島總面積的三分之二。地殼被擠壓抬升而形成的山脈，南北縱貫全台，其中以中央山脈為主體，地勢高峻陡峭。台灣雨量豐沛，大、小河川密布，長度超過 100 公里有七條，依序分別是濁水溪、高屏溪、淡水河、曾文溪、

大甲溪、烏溪、秀姑巒溪、樂樂溪。位居中部地區的濁水溪雖然最長，然而以流域面積而論，位居南部地區的高屏溪最大。其他主要河流尚有大安溪、北港溪、八掌溪、蘭陽溪、花蓮溪、卑南溪等。平均年降雨量2150mm，約為世界平均降雨量之2.6倍。降雨量分布不均，約80%降雨集中於5月至10月之豐水期。每人分配平均降雨量只有世界平均的1/6，約有46.2%之降雨量直接流入海中，而33.3%為蒸發散損失，可利用水量僅占降雨量之20.5%。位於新北市平溪區的火燒寮是台灣也是東亞年降雨量最多之地。由於最大分水嶺中央山脈分布位置偏東，使得主要的河川大多分布在西半部，多數河川在夏季時洪水滾滾；至冬季又只剩下河床上礫石粒粒，堪能行舟者不多。僅有台北市周圍之淡水河、大漢溪、基隆河等有全年較穩定的水量，在台灣清治時期曾發揮重要運輸功能。台灣的天然湖泊不多，最大的是日月潭，面積約8平方公里。其餘大多是由人工所修築的埤塘、水庫居多，如虎頭埤、曾文水庫、烏山頭水庫、石門水庫等。台灣氣候以通過中南部嘉義的北回歸線為界，將台灣南北劃為兩個氣候區。以北為副熱帶季風氣候，以南為熱帶季風氣候（夏吹西南風，冬吹東北風）。冬季溫暖（山地低於平地、北部低於南部）、夏季炎熱（除山地外，其餘皆在20℃以上）、雨量多（山地多於平地、東岸多於西岸、北部多於南部）。五、六月為梅雨季，六至九月為颱風季，冬天時偶有寒流。

是不是覺得密密麻麻、難以下嚥，從小時候讀書到出社會工作，老闆交代的事情、公司產品的專業知識，幾乎都是白紙黑字、從左到右、從上到下，條列呈現。不論是中文、英文、日文還是西班牙文，全世界多數的文章都是以這樣的方式呈現，這就叫做「左腦的筆記」，而多數的人類2千年來也都幾乎是用這種方式在閱讀以及思考。

現在，同樣的內容把它換成右腦的方式，再請您閱讀一次試試看：

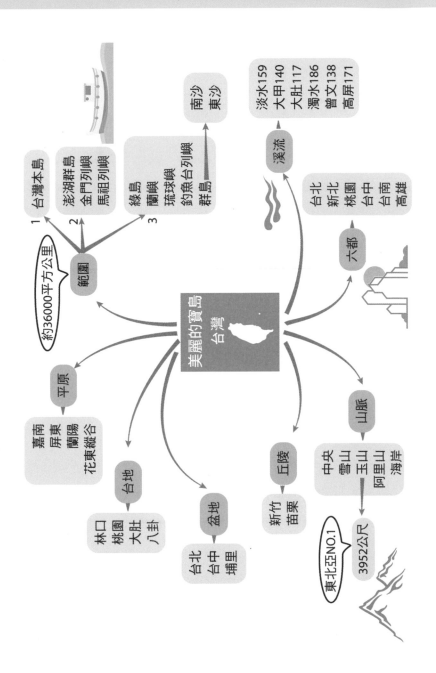

美麗的寶島 台灣

範圍

1 台灣本島
澎湖群島
金門列嶼
2 馬祖列嶼
綠島
蘭嶼
3 琉球台長列嶼
釣魚台列嶼
群島

南沙
東沙

約36000平方公里

溪流
淡水159
大甲140
大肚117
濁水186
曾文138
高屏171

六都
台北
新北
桃園
台中
台南
高雄

平原
嘉南
屏東
蘭陽
花東縱谷

台地
林口
桃園
大肚
八卦

盆地
台北
台中
埔里

丘陵
新竹
苗栗

山脈
中央
雪山
玉山
阿里山
海岸

東北亞NO.1
3952公尺

5
腦力開發

這兩張比較起來，你比較喜歡看哪一張呢？有沒有覺得第二張比較容易一目了然、輕鬆易懂！喔，傑克，這就是右腦神奇的地方啊！

千碩我有一位 27 歲的台北學員鍾元豪，跟我學了腦力開發後，從收入普通又超級忙碌的業務員，靠著右腦筆記做整理，邏輯清晰又簡單，順利創業成功。以前工作一整年，身心疲累又收入不夠用，腦力開發後立即增加大量收入，創意思考也變快，計劃行程也較仔細，2018 年一整年時間帶老婆出國玩 10 次，圓了自助旅行環遊世界的夢想，更在 2018 年 11 月去了南極！他常對我說：「認識對的人很重要，還好我有認識千碩老師您。」因為他和我第一次碰面時，是來聽我演講，得知我在 2008 年 28 歲時就已經自助環遊世界七大洲，讓他很震撼，於是下定決心來跟我學習腦力開發，想跟我一樣先讓頭腦更聰明後，不用長時間辛苦工作，可以靠創意與腦力創造更多收入，這樣才有辦法趁年輕時，有錢有閒常常出國玩。所以他才說認識什麼人，就會跟他學習到他的專長與觀念，而千碩老師的專長就是教你「變聰明、更有錢、工作有效率、更自由、更健康的生活、提早退休環遊世界」，若以上這些是你這一生最重要的、最想要的，那你生活中有幾個朋友有做到並且懂得教你呢？所以，認識對的人，特別是已經成功的老師，能幫你少走冤枉路，助你提早抵達目標。

# 別再用「勤能補拙」教育下一代了

其實人腦很聰明，但需要對的方法才能開竅，填鴨式教育並不會讓我們變笨，只是讓腦力無法充分開發使用。多數父母親只能用「勤能補拙」來安慰他們自己接受更糟糕的加班文化，不知道如何提升工作效率，只好多花一點時間在工作，看看成就與收入是否會變更好，然而答案是「無法」，事實證明，多數人努力工作、加班、兼差，到了 50 歲時還是沒有百萬年薪，但生活開銷卻是此生最大的時候：買房、買車、繳貸款、保險、小孩教育費、老人家醫療費、交際費、生活費。多數父母親帶著疲憊的身心下班回到家後，又要求（斥責）孩子應該要再多花一點時間讀書，希望學校成績高一點（或別太差），不然會像爸媽一樣辛苦，然後自己低頭滑著手機、監督孩子寫作業，真是嚴重錯誤的教育觀念！

家長應該要「先讓」自己腦力開發很聰明，輕易完成困難的工作，帶著愉悅的身心下班回家（以及擁有很多的收入），然後看到孩子時就很開心的「陪孩子」閱讀、學習，特別是陪孩子一起玩藝術（＝學美學），玩科學遊戲（＝學物理化學），看 CNN 討論國際情勢（＝學英語），整理家裡東西分類歸納時數一數、加一加有共通點的東西（＝學數學），和孩子一起探討在學校發生哪些與人相處的事情，他的感受與處理方式是什麼？接著用《弟子規》、《道德經》、《沉思錄》的經典古書

跟孩子分享做人處事的智慧（＝加強語言、文字、溝通、品德）。總之，千碩我永遠認為，孩子的童年只有一次，不應該「浪費太多時間」在讀書、寫作業、應付考試，孩子應該每年多一點時間用在：閱讀經典著作和他感興趣領域的書並且培養該興趣成為專長、多閱讀國際現況以及趨勢發展、多實際體驗各國文化、多運動、多玩樂、和家人一起做家事、接觸藝術與大自然、旅行、和家人談心事談夢想、從事公益活動才對。

千萬不要浪費孩子寶貴的童年在書桌上讀書，而只是為了考試。頭腦明明是全世界最精密的生化儀器，有著超強的功能，應該用來多元學習與閱讀、思考、創造、解決問題，發明出可以讓世界更美好的點子、服務與技術，讓地球、讓生命更美好。所以千碩我常對家長說：讓孩子腦力開發後，學校課業成績肯定會表現不錯，因為學習能力提升了，但給孩子腦力開發更重要的是要幫助他們：

1. 產生積極、自主的學習動機。家長要陪同、鼓勵、啟發孩子的「好奇心」。
2. 思考能力，包括生涯規劃、年度計畫、時間管理、邏輯、創意，培養解決問題的能力。
3. 良好的表達能力與溝通能力、提升人際關係。

這就是我希望腦力開發能夠成為國民教育的原因。

美國《時代雜誌》在 2008 年報導世界首富比爾蓋茲也是學習了腦力開發相關技術，提升學習速度、決策速度，財星五百大企業也會聘請腦力開發專業講師到他們公司做教育訓練，開啟員工的腦力，讓他們學習、思考、表達更好，快速學好公司所有產品知識，工作有效率、研發有創意，才能創造公司更大的價值，節省許多成本。

試想，當您這一生每一年或每一階段做任何事情、工作、學新的專業知識，都能比以前更快、比同事更快時，你會對自己未來成功的畫面更有信心，積極的學習態度也會被持續建立，是吧！當你頭腦更聰明，把原本 7 天才讀得完的專業知識內容 1 天就輕鬆讀完，工作表現反而更好，多出來的 6 天再用聰明的頭腦去培養第二專長，研究自己喜歡的專業領域，成為達人，讓明年的收入又更好；將多的自由時間拿來多陪家人運動、去書店閱讀、去旅行，人生是不是更豐富呢？我相信答案是肯定的，因為我就是一個受益者。預祝大家都可以腦力開發，年輕退休，享受幸福人生喔。

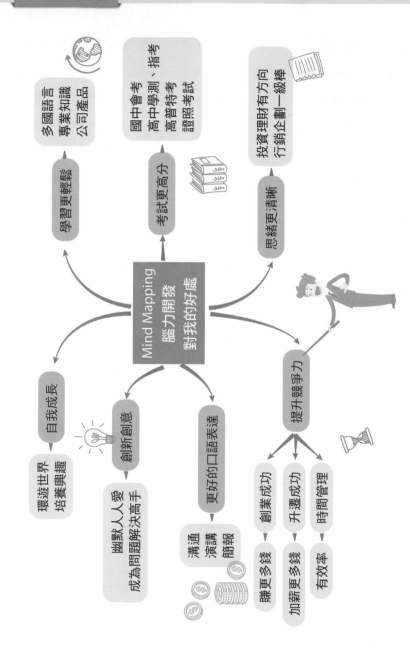

Mind Mapping
腦力開發
對我的好處

多國語言
專業知識
公司產品
學習更輕鬆

國中會考
高中學測、指考
高普特考
證照考試
考試更高分

投資理財有方向
行銷企劃一級棒
思緒更清晰

自我成長
環遊世界
培養興趣

創新創意
幽默人人愛
成為問題解決高手

更好的口語表達
溝通
演講
簡報

提升競爭力
創業成功
賺更多錢
升遷成功
加薪更多錢
時間管理
有效率

捷陽環保消毒有限公司負責人／
潛能開發講師／旅遊達人　　**孫英傑**

　　許多人出國旅遊是為了增廣見聞、購物、放鬆，你是否有因為在某次旅途中領悟到人生道理，進而改變了你的一生？

　　曾經坐在雪梨歌劇院廣場看著雪梨大橋，看著橋上車輛來來往往，讓孫英傑老師很感慨，雪梨大橋橫跨雪梨灣的兩側橋墩，一邊的橋墩就像是現在的自己，另一側的橋墩就像是自己想達成的目標或夢想。大多數的人都只會站在原地說著自己未來的夢想或願望，卻不願意改變目前的狀態，採取大量行動去追求，任由時間一年一年的過去，目標和夢想也離自己越來越遠。只有少數的人願意採取行動，一步步走到橋另一側的橋墩，實現自己的目標或夢想。基於當時看著雪梨大橋時的感慨，孫英傑老師便將這幾年來跟許多世界第一大師所學的成功心法，以及運用在自己事業‧親子關係、財富、生活中實用的好方法，有系統地整理起來，透過課程分享給更多人，幫助他們找到自己內在的熱情與力量、找到自己的夢想與目標、激發起大量行動的自信與能量，進而對這社會做出更多的貢獻。

　　基於想要助人的熱情，於是孫英傑老師成為一名潛能開發的講師，許多學員都因為他的課程變得更有自信與行動力。而孫英傑老師也發現，許多人抱著多一事不如少一事的心態在過生活，孰不知付出者往往是收穫最多的。由於孫老師本身熱愛旅遊，喜歡探索這個世界；喜歡結交朋友、一起享受生活；也熱愛學習與成長，於是他靈機一動把這三件事結合起來：每年邀請親友一起環遊世界自助旅遊，到國外跟世界級大師學習，讓生活增添更多美好的事物與回憶。至今已帶親友環遊世界好幾圈了，讓這股正能量的循環一直傳遞下去，是孫英傑老師感到此生最開心的志業！

　　而創業當老闆至今，成功的主要關鍵就是：隨時提醒自己

「沒有最好，只有更好！永遠聚焦在想要的目標上面！」人的一生和創業一樣，不可能每天每件事都如你意順利進行，就算已經盡全力付出，結果還是有許多可以再精進的地方。所以要常告訴自己「沒有最好，只有更好！」而明確的目標才能讓你知道要往哪個方向前進，用什麼方式前進，即使遇到挑戰也不畏懼，因為知道目標就在前方，不論多遙遠，總有一天會抵達。

## 請寫下本章節，對您的啟發與靈感喔！

# 超強記憶力
# 過目不忘讓你事半功倍

《科學人》雜誌說：一個人在某個領域裡卓越傑出，就是天才。所謂的天才都是用高效率的方法，讓頭腦發展出連結數量更多的神經迴路，並且持續練習、實務操作成為直覺反應，接著就會創新靈活改變所有知識與技能，而高效率的方法就是：將資訊「圖像化、系統化、視覺化」。

接著來談談記憶力為何重要，千碩我為何希望腦力開發成為國民教育呢？35 歲至 60 歲的人要注意了，現代人最常得到的文明病竟然已經從癌症變成了失智症，初期會因為記憶力與專注力變差而開始影響工作、學習、人際關係，逐年惡化到影響生活，也就是難以處理更困難的思考型工作內容，甚至連親友、方向、計算數量金錢的能力都會減弱，最後連飲食、如廁、沐浴都需要他人幫忙，這樣的失智人生是不是比癌症更可怕。腦力衰退、失智、痴呆不是有錢就能挽回的，一定要從現在開始養成健腦生活，讓自己越來越年輕，或是延緩退化。

香港首富李嘉誠曾說：「有一種錢，你花得越多就賺得更多。」全世界只有 1 % 的人是白手起家成為最有錢的人，成功致富「唯一」答案就是：投資自己、自我成長，透過學習與實踐、

修改與創新，讓自己成為行業的頂尖，學習的錢花得越多就賺的越多。許多人之所以會無法成功致富甚至沒存款或負債，就是因為在自己收入都還不夠「超級多」的時候，就勉強自己買車、買房，導致收入付掉生活費、分期或貸款後，每個月就沒有預算進修，甚至「進修、買書、學習」的總支出比食衣住行還要少，於是頭腦就一直沒有進步，專業技能逐年落後。

能夠成為有價值的人、成為事業成功的富豪，「唯一」答案就是：投資自己。投資自己的頭腦、知識、技術、專長，靠這四樣去創業，讓自己成為高收入一族，然後「再輕鬆」買房、買車以及做投資，學習、進修、閱讀專業知識的時間比重，要等於工作時間比重的 1/3，甚至一半，甚至一樣。例如您一天工作 8 小時，等於一週五天工作 40 小時，那這一週的閱讀進修時間應該最少要每天 3 小時，一週五天共 15 小時，週末假日可以多陪家人以及踏青散心，或是將家裡整理打掃得更乾淨整齊，又或是再各撥 3 小時加強學習。

千碩我的生活是：一個月工作 6 天左右，其他 24 天幾乎整天都在閱讀、思考、進修、運動、去書店、找程度比我高的人交流請益。所以我閱讀的時間比重比工作的時間比重還要高出一倍，當然中途會穿插一些活動，如：買菜、居家生活、看電影、踏青、看展覽、出國旅行、下西洋棋等。因為我發現讀書

時間越多，生活平衡、心情喜悅，能量越強，因此我工作時間不用很多，而每個月這 6 天的工作產值是以前的我要工作 6 個月才有的產值，當然，那是因為我個人比較重視家庭、健康還有心靈成長，沒有想要成為首富，只想要年輕退休、推廣腦力開發成為國民教育、常常環遊世界即可。又加上我有腦力開發，所以才用「迷你退休」的方式在過人生（幸福人生的生活型態），不會想要為了賺大錢而努力拼事業（成功人生）。那您呢？

若您很想要、也一定要超級成功、成為世界級富豪的話，建議要讀更多世界級富豪的書、大型企業成功案例的書，甚至最好去參加訓練課程，例如我有專門開班授課「如何創業成功」、「億萬富翁致富心法」、「腦力開發變聰明」、「口語魅力＋讀心術」等相關課程，每個課程各有妙處，皆可提升你的能力，豐富你的生活，讓人生更卓越、幸福。當然，想要進修的人要懂得一個重要觀念：每個老師的領域不同，只要你「確確實實」知道自己的「需求」，再去選對該領域的相關課程，學習效果就會很好。世界上沒有不好的教育訓練課程（或大學科系），關鍵在於是否有急需？是否已有明確用途？是否有下定決心投入學習？每天是否有再撥 30 分鐘複習，甚至 1～2 小時練習所學技能？這都會影響學習成效。

老師能夠出來開課，表示他自己已經先做到該課程的技能內容之專業頂尖，他才知道如何教學生。若一個老師還能在同一個領域連續授課 10 年以上，學生也成千上萬，表示這個老師的課程肯定有效，就像千碩老師我教導腦力開發已經「連續」15年以上，每年超過 100 場的演講授課，只要按照我的指示認真學習＋練習，成效都非常好。通常我的學員會跟我分享，說他們上完腦力開發訓練課程後，實質快速的幫助他們順利升遷加薪、換到更好的工作、收入倍增又倍增、創業成功、親子關係變好、工作更有效率、老闆更尊重重賞她、出書當作家、比賽第一名、談判出好的商業合作、更健康有活力、達成環遊世界的夢想……，這些回饋讓我很感動、很有成就感，這就是我持續推廣腦力開發成為國民教育、拯救台灣的動力來源。

總之，想要什麼樣的專長、人生與結果，就去閱讀、進修該領域專家的著作或課程，若您的個性與價值觀跟我比較像，想要幸福人生＋迷你退休的話，歡迎將本書多讀 2～3 次，或找我交流分享這本書帶給您的啟發，我很樂意了解透過這本書、我個人的觀念，給您最大的幫助是什麼。

來，跟我一起大聲唸一次：我（姓名）值得擁有最理想的生活！接著，請大家多多在生活中做以下練習，提升記憶力，可以讓大腦更年輕喔！

1. 圖像化：把要記憶的資訊透過形音義轉換成圖像，讓右腦容易記住。

2. 聯想：將 2 樣到 5 樣資訊轉換成圖像後，再聯想在一起，就像看完 1 次電影會比看完 2 次小說來得容易記住。

3. 熟悉的位置：家裡物品盡量越少越好、斷捨離，然後分門別類放在固定的位置，若外出臨時要記住 10 樣資訊，只要把資訊聯想為你親手把他們放在家裡 10 個熟悉的位置。

4. 差異：asdfghjklqwertyui 這一排字母亂碼，你看得眼花撩亂，因為它們長相接近，但同樣內容若改成：asdfghjk 黃 qwertyui，你看一眼 0.1 秒就發現多了個中文字「黃」，因為差異化能幫助你尋找，自然有印象，所以我會將要記得的資訊特別用顏色、高低、厚薄、急迫性、圖像來幫助回憶。

5. 邏輯：$4 + 2 = 6$，$3 + 3 = 6$，$1 + 5 = 6$，我遇到任何想要記得的事情時，都會嘗試用自己的方式重新解讀一次，然後唸給對方聽，並且也請對方換他的方式表述同一件事情。用不同角度解釋同一件事，只要邏輯是一樣的，結果就會一樣。訓練幾次習慣後，我在閱讀或記憶資訊時也會自問自答一次。

6. 有技巧性的複習：將資訊告訴某個也懂這個領域的朋友，並請教他原理，他每回答一次，就會幫我複習加深印象一次。同樣的，我讀一本書，會舉辦讀書會邀請學員來交流，

為了在台上說出心得感想，大腦就會更主動把書本內容記住，然後讀書會當天，每個學員依各章節分享此書對他們生活的助益與心得，每聽一個人講，不只幫助我複習內容，還可以獲得額外知識。所以建議各位讀者們，可以學習自創讀書會，一個月聚會一次即可，但主題務必明確，流程清楚，讓與會者都有發言權，多給彼此上台分享閱讀心得的機會。舉辦讀書會以及參加讀書會是一種提升生活品質的好活動，交誼上進的好友還可以彼此複習交流某本書，訓練記性自然變好。

7. 至於人名要如何記憶：把對方姓名拆解唸成一段話，該句子的意思要和當事人有關聯性。例如我叫黃千碩，有個黃帝喜歡教書，教了一千個碩士，因為千碩我本身職業是老師，所以你必須聯想「黃帝喜歡教書」，然後說明狀態「教了一千個人」，而人很抽象，所以改成碩士，因為我名字有個碩。

8. 務必睡眠充足，提早就寢，早起運動，中午或下午午休 30 分鐘即可。

### 學員見證

千碩老師腦力開發讓我看書更快，目標成為有價值的人！

葉砡枝、吳美玉、羅浚益

義生玖產業整合平台／台商國際
商盟有限公司總裁　黃瑞珍

　　榮獲教育部表揚全省輔導工作績優人員的輔導主任黃瑞珍老師，一生熱情助人無數，從事公益活動充滿愛心，任職教育部推動生命教育中心學校，落實生命教育發展！

　　為了幫助更多人幸福成功，黃瑞珍主任從學校退休後，用心經營事業，成立「義生玖產業整合平台／台商國際商盟有限公司」。短短幾年就已經在馬來西亞開創七個企業整合的分會，也樂於共享資源，成功協助 39 個產業擴展版圖，回饋社會，一起做公益。

　　黃瑞珍總裁能夠事業成功最主要的關鍵就是「助人與學習」，她每個月多數時間都花在進修、辦讀書會、辦商機研討會，自己愛學習，就帶領著親友一起學習，並且把所學的知識實務應用在商業合作，讓人人都有機會找到熱情中的事業發揮所長，在台灣景氣低迷的時代裡，注入一股希望的暖流。

　　黃瑞珍總裁提供給想要創業者的重要建議為：助人、學習、真誠、負責。因為全世界每個成功的企業，其創辦人都是觀察到世界上某一群人有共同的困擾，或一樣的夢想，基於想要助人的心，所以創造產品、服務而創業，所以創業的成功基礎就是「助人」，而創業前的準備到經營管理、面對市場的挑戰，創業者勢必要持續地學習新知。再來，真誠的對待股東、員工、廠商、客戶，更是創業家重要的人格特質。最後，負責肯定是創業者要求自己的最高標準，世界上沒有一個完美的公司和產品，原因是企業家一生中營運企業的過程難免會決策失誤，重點是要有負責任的態度，虛心檢討，讓產品與服務流程再改善得更好。黃瑞珍總裁的金玉良言、人生智慧，非常值得大家學習。

CH
5
腦力開發

創意思考╳商業模式

# 要想改變口袋，先要改變腦袋！

在職場與創業上，敬業態度、自律能力、腦力這三樣比他人好，做什麼都會成功；最重要的第一步就是從事符合自己天賦智能的工作，人生將無比開闊。未來十年是右腦革命、破壞式創新最強盛期，會有 90 ％的工作被 10 ％的創新給取代！

根據統計，有近七成的人想創業，不管創業原因為何、賺多賺少其次，只要不賠錢倒閉，自己當老闆才能擁有自主人生，發揮所長與理念。試想一般上班族，一天都工作 10 小時了，隔天還要開會、拜訪客戶、面對難溝通的主管和同事，要是自己當老闆，就算全公司只有我一個人，能賺到錢同時身心靈健康，營造自己覺得最棒的工作環境，這是每個人夢寐以求的。選擇做自己喜歡的事是自由，喜歡自己做的事是幸福，持續專精於一個領域，越做越得心應手，成就財富後，自由就會黏著自己！

看到這裡，肯定會覺得創業成功的確很美好，但你知道嗎，有 95 ％以上的新創事業是失敗收場！千碩我建議您，要有創業

夢可以，但務必要具備創業心法，甚至是符合孫子兵法所提的「道天將地法」。例如：如果把世界首富比爾蓋茲從美國放到非洲沙漠裡，並把他所有財產沒收，只要他能順利活著遇到人類，相信比爾蓋茲還是很快就有錢，甚至幾年後又賺到世界首富的財產，因為他所有的本錢就是頭腦裡的知識、智慧與經驗。他懂得說服新認識的朋友，從現在到未來有任何趨勢，大家一起出錢出力整合資源，創造一家有價值的新企業，幫助人們更美好，讓這家公司賺錢，大家共享成果。所以，比爾蓋茲是因為成為有錢人之後，所以才開始閱讀、培養技能與創業，還是從年輕開始就養成閱讀習慣、培養（電腦軟體）技能並創業後，才有錢？答案是後者，所以你也必須要這樣。每個有成就的人，都是在他行業領域中發光發熱，而他會成為佼佼者、專家，絕大部分是因為他在成功前「先大量閱讀、培養熟練技能、實踐執行」。

## 腦袋窮，人生就會窮

把錢花在提升自己的頭腦與技能是最值得的投資，不論到哪裡都能賺到錢，因為世界上肯定有一群人需要這個技能，你若有一個核心專長與聰明快速學習的大腦，加上商業模式與好口才，就不怕世界的變化與機器人會取代你的工作。所以，人要持續學習、持續投資自己的技能到行業的頂尖，讓多數客戶想先找你服務。

「今天不走，明天要跑」是說今天不願意多閱讀、多進修，一步步走向自己的目標，明天就得用跑的去追隨別人的夢想。諾貝爾生理醫學獎共同得獎人屠呦呦在受獎時曾說：「不要刻意追一匹馬，用追馬的時間去種草，待春暖花開時，就會有一批駿馬任你挑選。」是因為她喜歡植物與動物勝過於跑步嗎？當然不是。她的意思是說：人不要成天追錢追工作，應該要多閱讀、提升自己能力，當專長對更多人有價值時，客戶自然會來找你。

想要知道如何善用資源並做整合，讓自己創造更高價值，計算出自己的創業想法是否可執行，大大提高成功機率，那就要以更高的標準要求自己，站在巨人的肩膀，才會有超過常人的視野。就像千碩我經常跟國際總裁菁英書院顧及然院長學習請益商業模式的概念，發現顧院長真的是超級聰明有智慧，擁有深厚的商業知識結合企業管理的實務經驗，凡聽過他講課的人相信創業功力肯定是進步神速，特別是他教的商戰孫子兵法，更讓我大開眼界。

學校的知識與文憑再加上過去十年以上的工作經驗，有讓你成為 1 ％的頂尖高收入人士嗎？如果一個人已經 40 歲以上而年收入還不到一千萬元，就是還不夠勤勉、不愛學習新知、沒有靈活運用大腦、人際關係需要調整，以及選錯行業、公司、老

闊。當然，千碩我強調這個世界是多元的，許多盡心盡力為社會貢獻的人，不見得年收入有千萬元，但協助人類文明更進步的價值，是不會輸給億萬富翁的；但，若我們可以心存善念、做好事、有價值、對社會有貢獻、同時還能年收入千萬到一億元以上，相信身心靈到生活都會更好，認同吧！

首先，請回顧自己的人生是否有以下幾點不足，並馬上付諸行動去修正：

## 一、還不夠勤勉於工作

全世界所有年收入千萬以上的人，肯定很熱愛自己的事業，全心主動積極付出。例如：A君下班時間總是在看電視休息，而B君則是進修或兼第二份工作；A君假日時總在休閒玩樂，而B君則是創業或研究市場。你是屬於A君還是B君呢？

## 二、不夠熱愛學習新知

全世界所有年收入千萬以上的人，肯定很愛學習、閱讀、聽演講，謙虛地向比他厲害的人請益，並且投入在學習的時間為30～50％，也就是學越多能力越好，因為能使表現機會更多及品質更好，相對的收入也就每年變多。學習新知讓我們能更早分析出明年以及未來趨勢，做好進修、轉職、創業、投資的各項準備。

### 三、沒有靈活運用大腦

能夠達到年收入千萬以上的人，多數是靠腦力，極少數是靠勞力，畢竟要靠勞力賺到千萬元以上可能已經累昏了。試想，同樣一群人在面對新技術、知識、外語、專業證照、創業、市場等，頭腦較聰明的人因為學習力快、整合力強、表達能力好，用一半的時間就達成目標，而多出來的時間又比其他人再付出；相對的，聰明的人也比較會想到如何變通，如何用創意來改良做事及賺錢的方法。

### 四、人際關係可能需要調整

不論在職場或商場，人際關係大大左右著收入，全世界年收入千萬以上的人，多數喜歡與他人相處，懂得察言觀色、欣賞讚美、合作讓利。

### 五、是否選錯行業、公司、老闆

天生我才必有用，但如果把自己擺錯位置便無法展現天賦專長。全世界所有年收入千萬以上的人，多數從事自己喜愛的行業；每個行業、每家公司都會同時出現薪水最少和最多的員工，關鍵就在誰的價值比較高。若各位已經是公司第一名員工，但收入卻不到千萬，可能是公司制度的問題，或是公司營收不高，是你自己選擇待在小池塘，怪不得老闆小氣了。除非你不只是公司第一名，還能幫老闆再創造出更高營收，其利潤

足以付你千萬。

其實各位肯定有機會達到年收入千萬以上，只要符合以下的條件即可：

1. 公司年營收 3 億以上，老闆利潤 2 成以上，多數業績是你創造的。

2. 成為專業人士：醫生、律師、體育選手、科學家。

3. 發明專利或版權：每年實收 1 億以上，擁有 10 ％紅利。

4. 自己創業當老闆，並學會商業模式。

5. 投資金融商品、房地產、古董：投入資金通常滿大的，風險請拿捏。

6. 成為公眾人物、演藝人員、代言者。

為何要用一千萬元舉例呢？因為 93 ％的人年收入不到百萬，也就是說只有 7 ％的人能達到年收入百萬，其中只有 1 ％能做到千萬以上，由此看出要進階到 1 ％的人，的確是名符其實的佼佼者，若年收入 3000 萬元以上的話則是進到 0.2 ％的世界頂端。

## ◆ 商業模式基本九大要素

| 關鍵夥伴 | 關鍵活動 | 價值主張 | 顧客關係 | 目標客戶 |
|---|---|---|---|---|
| | 關鍵資源 | | 通路 | |

成本結構　　　　　　　　　收益流

## ◆ 腦力開發 X 創新創業實戰訓練

| 關鍵夥伴 | 關鍵活動 | 價值主張 | 顧客關係 | 目標客戶 |
|---|---|---|---|---|
| 誰和你<br><br>一起<br><br>開始、<br>進行、<br>完成？ | 什麼方式<br>讓客戶發現到你？<br>吸引客戶？<br>記住你？ | 銷售什麼產品<br><br>特色是？<br><br>賣什麼好處<br><br>提供什麼感受 | 單次消費？<br>重複消費？<br>會員制？<br>客戶自助<br>or專人服務 | 客戶生活中<br>須完成<br>哪一些事？<br><br>客戶特別<br>想要<br>擁有什麼？ |
| | **關鍵資源**<br>人<br>技術　絕不可缺<br>原料　的東西？<br>錢 | | **通路**<br>在哪裡賣？<br>客戶在哪消費？ | 客戶的困擾？ |

利潤

**成本結構**
製造生產、行銷、
人事、研發、行政、採購、
物流、維護、稅……

**收益流**
收入 $$$$$ $$$$$$$$$
每樣產品／服務收費多少錢 X 人數／次數
年季月營收、股份、分紅、價值

阿里巴巴的馬雲最常說：凡是學習的場所，門口停的是奔馳、寶馬、路虎、勞斯萊斯等；而在網吧、游戲廳、麻將館門口，停的都是摩托車、電動車、自行車！這就是為什麼富人越來越富有，而窮人越來越窮困。學習才有希望，不學就會跟不上。再好的手機都要充電，再好的電腦系統也要更新，那我們的大腦呢？多久沒有升級了！如果一個人的思想觀念不改變，將會被這個社會淘汰；自己改變叫做重生，被別人改變叫做淘汰。地球不自轉不會有明天，人不改變也不會有未來。如何在最短時間快速學習任何需要的知識與技能？且讓腦力開發來幫助你吧！如何擁有加薪的實力、有信心創業成功、邁向 1％的成功人士之列、更早完成退休夢想？且讓腦力開發來幫助你吧。一個決定改變一生，而這個決定就是趕快學習。

總之，要達到年收入千萬元以上，需要具備以下條件（越多越好）：勤勉、付出、好學、謙虛、有禮、積極、知識、聰明、智慧、選擇、人際、人脈、見識、膽識、變通、毅力、合作、趨勢、勇氣、學歷、證照、外語、樂觀、健康……。接著，請拿起筆回覆以下問答，讓千碩我來引導您擁有千萬收入、億萬身價的有錢人思維：

1. 請圈出上述哪些條件你尚未具備。

2. 再寫下你要如何做哪些事，可以讓自己具備這些條件：

_____。

3. 再換另一隻顏色的筆，圈出你最強的條件。

4. 你目前是否已經達到公司、行業的最高程度（前三名）：

_____。

5. 若還沒，為什麼你已經具備最強的幾個條件，但工作多年還沒成為業界前三名？

_____。

6. 還是你認為自己最強的條件、優點，其實也很普通，那該做什麼行為來強化該條件？

_____。

7. 你目前認識幾個行業頂尖的朋友？（不是點頭之交，是有常碰面請益的才算）請寫出他們的姓名、職業、多頂尖？

_____

_____。

8. 再寫下過去 5 年來到今天為止，和你最常互動交流、往來的朋友，他們的背景： _____。

9. 你認為多和頂尖的人往來會提升程度的機率比較高，還是和一般程度的人往來成功向上的機率比較高？

_____。

10. 若你選擇前者，那過去 5 年來有常和頂尖的人學習、請益、交流嗎？

_____。

11. 為何無法多和頂尖人士往來？因為自己價值還不高、自己還不是頂尖嗎？

_____。

12. 從今天開始，要做哪些事情才會讓自己成為頂尖？

_____。

相信上述問答，能啟發一些靈感與行動計劃。

明顯的，這幾年越來越多人想要創業，於是來上我的課學習甚至一對一諮詢的非常多，一年超過 3000 人。我跟對方講幾句話之後，就能規劃出專屬他個人的商業模式、賺錢流程，盡量提供最低成本、最短時間就能創造倍數收入的點子，就像本書「迷你退休」所提的，我的人生觀念是：人活著盡量不要花太多時間在工作，就算再怎樣愛工作，也不能高過於愛家庭與生活、甚至賠掉健康，讓家人難受，這是很不負責任的！我也不認同台灣數十年來提倡努力工作這個嚴重錯誤的思維，真的害慘許多人，可是很多人都說想要工作時間少、健康快樂的工作、收入足夠到可以養家活口，又能滿足退休生活，還要能一年出國旅行 6 次， 要怎麼「同時」做到呢？唯一的答案就是「腦力開發」以及「創新、創意、創業」的商業模式。

## 專家分享

### 兒童繪本／腦力開發講師　陳美娟

　　從事兒童童書繪本的批發及團購的陳美娟老師，因為和孩子共讀而愛上繪本，喜歡享受親子共讀時滿滿的甜蜜與愛，進而在社區、圖書館、學校擔任起志工，推廣親子共讀與舉辦各式節慶的親子活動，同時可以陪伴自己的小孩，又可以和其他小朋友、家長互動，最重要的是做了「樂於助人」的好榜樣給孩子看，而自己則是喜歡看見每個人臉上的笑容，覺得很開心喜悅。

　　陳美娟老師也參與推廣超級生命密碼、弟子規的讀書會，她認為若一本書即可幫助人改變生命，當某個人被書中的某一段話鼓勵後而更積極向上，是最簡單執行又有意義的事，這種無畏施的心境非常令人感動，千碩我也認為若有更多家長可以像美娟老師一樣，台灣一定會更溫馨，家長以身作則愛閱讀，也鼓勵他人閱讀。

　　而和許多家長、孩子共讀「弟子規」的過程中也一起將「愛與感恩」落實於生活，並確實做到「秒秒感恩」，期許讓每個孩子成為父母親心中最棒的孩子。

　　改變從家庭開始，品德教養為一個人、一個國家最重要的基礎，自己帶領孩子進步其實也是在為國家社會的文明做貢獻。

　　陳美娟老師為了完成年輕時對自己許下的使命宣言：幫助貧窮平凡想成功的人翻身，於是她從事跨境電商結合健康產業的事業，助人簡單網路創業，又可獲得健康，希望未來自己很成功時，能用自己的故事來激勵幫助更多人。

想要創業成功，成功致富，樂在工作，千碩我教你：

1. 「務必」只從事自己熱情有興趣以及符合天賦智能的專長，

來決定要提供什麼樣的服務及產品：＿＿＿＿＿＿＿＿＿

　　＿＿＿＿＿＿＿＿＿＿＿＿＿＿＿＿＿＿＿＿＿＿＿＿＿＿。

2. 這項服務或產品是我們自己製造，還是代理他人發明的，
　　或是自己學習後服務客戶，或是授權員工去服務客戶？

　　＿＿＿＿＿＿＿＿＿＿＿＿＿＿＿＿＿＿＿＿＿＿＿＿＿＿。

3. 目標客戶是什麼職業、年齡、性別、居住地：＿＿＿＿＿＿

　　＿＿＿＿＿＿＿＿＿＿＿＿＿＿＿＿＿＿＿＿＿＿＿＿＿＿。

4. 他們使用你的產品、服務後會得到什麼好處與結果：＿＿＿

　　＿＿＿＿＿＿＿＿＿＿＿＿＿＿＿＿＿＿＿＿＿＿＿＿＿＿。

5. 定價＝成本×3～10 倍：＿＿＿＿＿＿＿＿＿＿＿＿。

6. 反推客戶會出現在哪裡＝行銷、宣傳、廣告通路在哪裡？

　　＿＿＿＿＿＿＿＿＿＿＿＿＿＿＿＿＿＿＿＿＿＿＿＿＿＿。

7. 想找誰幫你：＿＿＿＿＿＿＿＿＿＿＿＿＿＿＿＿＿＿＿。

# 創造你的商業模式，實現你的夢想

王晴天博士為全球八大名師亞洲首席，也是我的寫作指導老師並協助我出版，真的非常感謝王老師實現我小時候的夢想，而王博士著作等身，知識淵博與智慧思考讓千碩我仰之彌高，更重要的是王老師又願意栽培後輩、鼓勵協助創業，每年舉辦創業培訓以及大型演講，能同時擁有如此高深的才智以及熱於助人的愛心，堪稱華人文化界之典範。王博士曾分享以下這一段

故事，讓我學到創業要有彈性、隨機應變的重要性：19 世紀時，美國發現大量黃金儲量，迅速興起一股淘金熱。農夫亞默爾原本也想來淘金，一圓發財夢，後來發現這裡水資源稀少，賣水反而比挖金更有機會賺錢，他立即轉移目標改賣水。亞默爾用挖金礦的鐵鍬挖井，把水送到礦場，受到淘金者的歡迎，很快便走上了靠賣水發財的致富之路。而雜貨店老闆山姆布萊南蔲則購買大量的平底鍋、十字鎬和鏟子，以厚利賣給渴望發財的淘金客，讓他成為百萬富翁。

許多人的內心深處都有一種想創業的衝動，一直為別人打工的成就實在有限，自己的理念也無法全數發揮。根據調查，高達86 ％的青年人有創業意願，許多創業家都像擁有美國夢的淘金客，雖然真正靠淘金致富以及創業成功的人只占少數，但卻比當上班族更有機會在創業過程發現新的成功機會。就像想靠挖石油致富卻失敗的希爾頓，到了當地才發現石油開採沒那麼簡單，再者晚到的人也已難有發展。可是想探油的人還是有如過江之鯽，探油小鎮的旅館供不應求，於是他轉而買下旅館，用心經營及服務，因此產生另一個新事業，持續在全球建構飯店，成為世界知名飯店界富豪。

想要創業致富，首先得要有勇氣、洞燭商機的能力、觀察時機好做應變的創意、明確的計畫、執行方案，確定後就立即前

進，在執行的路上只要理念堅定，肯定會一一接觸優秀的人才並吸收成為團隊，接著務必要懂得維持健康、珍惜時間，以及不畏艱辛。

## 換來自由，才有辦法真正享受人生

前面章節有提到，若要有錢、有閒就千萬不要努力工作，相信許多人會問：「若不努力工作的話怎麼會有成就？怎麼會有錢呢？這和父母親教的方式完全顛倒啊！難道工作時不要太努力，懶散一點會有錢嗎？這和加班文化背道而馳耶！」千碩我要告訴各位，許多努力工作的人很早起床、很晚下班休息，最後被更低薪的人取代，被電腦、機器人取代；有些人職位很高、收入超高，但工作行程總是很滿，很少陪家人，因為都在陪老闆、股東、同事、客戶，中年就累倒、病死。

若一個人一直很努力工作，一整個月、一整年很少有空檔時間「好好睡覺」，忙到沒有好好休息、運動、進修、旅行、陪家人的話，肯定還在用過去的學歷、智商、知識、資訊、經驗、人脈重複工作內容，不論 3 年前、10 年前程度如何，如果這個人持續努力工作的話，頂多經驗值稍微提升，但收入肯定不會「倍數」成長，且工作時間還會越來越長，每年休假越來越少，一點也不值得。

努力工作的人，沒有意願挪出時間學習如何讓工作更有「效率」的「方法」，讓自己不論收入高低都會呈現工作忙碌狀態。頂尖成功人士都是邊工作邊進修，不會花過多時間在工作上，特別是對家庭負責任有愛的人。你不一定要明天或明年就創業，但最好今天或今年就先腦力開發變聰明，再去「學習」怎麼創業，給自己1～3年的時間，讓工作表現更好、有效率、收入增加、培養第二專長、學習創業，然後再去創業，創業前記得找千碩老師我，我來幫助你更成功！

以下的練習是用來調整財富潛意識。首先，請提筆圈選你最想要哪一種型態的生活，並寫下為什麼？

型態一：工作時間少、收入少。為什麼：＿＿＿＿＿＿＿＿

＿＿＿＿＿＿＿＿＿＿＿＿＿＿＿＿＿＿＿＿＿＿＿＿＿＿＿。

型態二：工作時間長、收入少。為什麼：＿＿＿＿＿＿＿＿

＿＿＿＿＿＿＿＿＿＿＿＿＿＿＿＿＿＿＿＿＿＿＿＿＿＿＿。

型態三：工作時間長、收入多。為什麼：＿＿＿＿＿＿＿＿

＿＿＿＿＿＿＿＿＿＿＿＿＿＿＿＿＿＿＿＿＿＿＿＿＿＿＿。

型態四：工作時間少、收入多。為什麼：＿＿＿＿＿＿＿＿

＿＿＿＿＿＿＿＿＿＿＿＿＿＿＿＿＿＿＿＿＿＿＿＿＿＿＿。

現代人當中只有少部分是型態一，除非生活支出都在家裡，有父母供養；而現實生活中多數人是型態二或型態三，但都不會想勾選，因為對生活感到無奈且不知如何改變；僅有極少數人

是型態四，卻是最多人心中渴望勾選但不知如何做到的。

接下來，請看一下手機通訊錄中有多少位常碰面交流的朋友，是屬於型態四？ _____。

你是否曾問過他們是如何做到（工作時間少、收入多）：___

_____。

他們願意教你細節、步驟嗎？他們有空教你如何做到嗎？

多數有錢人為型態三，但花錢享福的多是他的家人，因為當事人工作忙到沒空花錢；而型態四的新富族則是全家人都幸福、健康、快樂，多半從事未來全世界最夯的型態：創業＋共享經濟＋雲端自動交易系統＋自媒體×金融科技×股權投資。

繼續往下閱讀並深思，提筆寫下你的靈感，只要產生一個靈感，就可能是改變人生的契機點：

1. 如果可以越來越「專業」同時又有「效率」，成就肯定一年比一年好，空檔時間越來越多，也會持續認識到比你更專業又更有效率的人來教自己更好的方法，所以請多讀書。

2. 有時候是貴人提攜一整天、一整週，去認識直接對自己事業有幫助的大貴人時，會比自己努力工作一整年收入還要好。關鍵是你要先做到第 1 點，所以請多讀書。

3. 讓自己變很貴或變有名（專業頂尖、有價值、有資源、有人脈、有影響力、持續宣傳自己），如何做到？就是不要

再努力工作了，而是要用心、用腦、用多一點時間研究創業×商業模式，並先讓自己成為某個行業的佼佼者、最專業的人。

接著肯定會吸引三種層次的人：

1. 能力、收入、成就比自己高的人：他們指定給我服務、他們要投資我創業、高價收購我無形的能力以及有形的資產。

2. 程度與自己相當的人：他們想找我強強聯手，合作共創更高峰，然後共享成果。

3. 程度比自己低一點點的人：他們想成為我的得力助手，當然我也要願意指導他們，讓他們快速獲得經驗，大家一起共好。

學員見證

千碩老師腦力開發讓我發現人生還有更多可能，熱情積極快樂！

江慧娟、段應忠、秦志健

愛無限創意國際有限公司
愛無限創意全網營銷執行長　黃士倚

　　在快速改變的時代中，創業家與企業家最重要的就是獲取最新資訊，以因應策略的調整，以及能將自家品牌、理念、產品更有效率的讓目標客戶得知並產生交易，而互聯網、網路行銷的應用就是首要成功關鍵。

　　台灣最棒的全網營銷企業執行長黃士倚有著多年的網路行銷成功經驗，已經協助醫美產業一年營收破千萬、金融貸款產業每月詢盤量從 1800 通到超過 3000 通、10 組傳銷團隊打造微營銷倍贈系統創造千人團隊。由於黃士倚執行長深刻明白，互聯網不只快速改變每個人的生活，更改變每家企業跟市場溝通的方式，所以他也成立「好項目孵化加速器、中國全網營銷、微信公眾號運營」等服務，要讓客戶可以透過互聯網的應用，讓創意 idea 更可能被實現。

　　他也鼓勵想要創業的人要具備以下重要心態：虛心謙卑、不斷學習、時時保持彈性。因為這個時代沒人能告訴你最佳的成功方案是什麼，凡事先行動，再努力變得更好，就能在過程中找到企業的最佳成功模組！

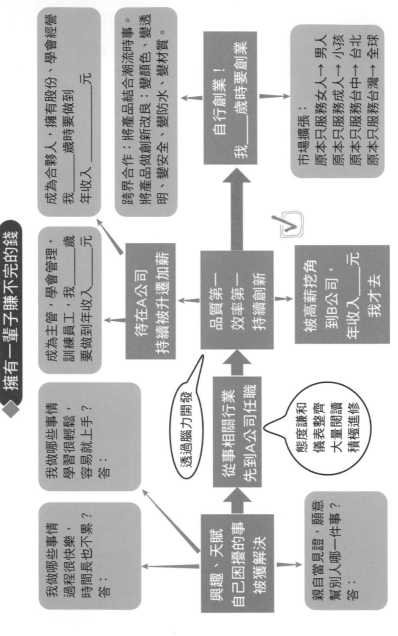

◆ 擁有一輩子賺不完的錢

成為夥人，擁有股份、學會經營
我____歲時要做到____元
年收入

跨界合作：將產品結合流行時事。
將產品做創新改良：變顏色、變透明、變安全、變防水、變材質。

自行創業！
我____歲時要創業

市場擴張：
原本只服務女人→男人
原本只服務成人→小孩
原本只服務台中→台北
原本只服務台灣→全球

成為主管，學會管理____歲
訓練員工，我____元
要做到年收入____元

待在A公司
持續被升遷加薪

我做哪些事情
學習很輕鬆，
容易就上手？
答：

品質第一
效率第一
持續創新

被高薪挖角
到B公司，
年收入____元
我才去

我做哪些事情
過程很快樂，
時間長也不累？
答：

興趣、天賦
自己困擾的事
被獲解決

透過腦力開發
從事相關行業
先到A公司任職

態度謙和
儀表整齊
大量閱讀
積極進修

親自當見證，願意
幫別人哪一件事？
答：

242

黃千碩 迷你退休

## 右腦讀心術
# 趨吉避凶還能心想事成

右腦讀心術的重要觀念在於明確知道自己當下的目的，以及識人、識時務，達到趨吉避凶並專注靜心，當我們能夠掌握這兩項重點，便可以在伴侶、親子、父母、老闆、同事、客戶、朋友等達成雙贏的局面，也就是我們自己開心、對方也歡喜。鍛鍊右腦讀心術能幫各位不論是在戀情、家庭、職場、人際關係等方面都能夠順利的達到心想事成以及自我實現喔！

腦力開發分為三個層次，由下而上分別是：最底層的快速學習能力以及組織分析能力；第二階段為產生大量創意變成好生意，這輩子再也不用努力工作（當然要認真工作、並且自己當老闆去找夥伴，授權讓他們做多一點工作，給予好的獎勵收入）；腦力開發最高的第三層次為讀心，更容易了解自己的狀態，解讀對方的心思意念，若能再強化腦力，便可進入順流、無我、時間真空、預知、與宇宙共鳴的能力，也就是心想事成（但還是要先付諸行動，很神奇的是當心存善念時會更快出現你要的答案與資源，來協助自己更輕鬆達成目標，千碩我稱之為心想事成）。

我們可以從觀察一個人的穿著、儀態、行為模式、表情及口頭

禪去分析這個人，得知如何問出這個人想要聽的問題，而他又會如何回應我們，當他回應時我們再專心的傾聽，一定會獲得此人對我們的好感。當然也可以觀察一個人的造型穿著、行為，去判斷此人的個性：

1. 喜歡戴配件的人，比較沒有自信。
2. 喜歡戴帽子的人，主觀意識比較強。
3. 喜歡名牌的人，對自己有補償心態。
4. 喜歡換髮型、髮色的人，很想引起別人的注意。
5. 翹右腳的人比較保守，翹左腳的人比較開放。

當我們觀察到對方的個性及興趣之後，就可以清楚知道要與對方談些什麼、說些什麼，用字遣詞更切合對方。問一個人的興趣，就可以推算出他的教育程度及收入，以及最主要的人際關係，當你和某人交談之後，如果雙方心情都是愉悅的，那就可以提出合作；如果雙方心情普通，就要盡早結束話題；如果對方心情是低落的，就先關心對方心情、再詢問後續的計畫，最後再建議他2組解決方案給他自己選。也就是透過右腦讀心術學會知道自己何時少說話，學會如何問問題，學會說出別人想聽的話。

## 提升女性緣讀心術

1. 女生都喜歡被讚美：特別是「今天的髮型很適合妳，散發

出迷人的氣質。」保證她一整天都心情飛揚。要注意的是並非直接說妳的頭髮很漂亮喔。

2. 女生喜歡被需要的感覺：男生、女生天生就是不一樣，男生比較粗線條，女生相對比較細心，所以一般在男女關係中總是女生照顧男生多一點。但其實女生們也希望被需要、被重視，如果今天跟女生一起出門，請不要那麼大男人主義，買東西的時候試著問問女伴：「妳建議我買哪一個比較好？」她一定會滿心歡喜的給予最真誠的建議。

3. 女生的情緒比較容易波動：女生們除了天生細心，心思也比較細膩，很容易因為家人、朋友、同事的一句話而傷心、難過，「女人是水做的」這句話說的一點都沒錯。如果今天看到女性同事鬱鬱寡歡，我們可以上前關心她說：「先把心情梳理好，再繼續工作。」相信這樣一句短短的安慰，會讓她得到不少的慰藉。

4. 女生想要被保護：一個再怎麼能幹的女生，內心深處都是希望被保護的。如果辦公室有個便利貼女孩，總是在幫同事們打雜、加班、買咖啡，當有天發現她連續加班五天，可以試著說：「妳這樣加班為大家忙碌，真的很貼心，我可以幫妳哪些忙呢？」在她陷入苦海的當下，有我們這麼一句話，她絕對會感到非常欣慰。

5. 女生都喜歡聽好聽的話：這一項準則不論是用在曖昧中的情侶、熱戀中的情侶、家庭裡的伴侶都適用。試著從今天

開始學著向自己的另一半多說這樣的話：「謝謝妳，還好妳今天有提醒我（某某事），不然我拜訪客戶或上台簡報的時候就要出糗了。」一點點小貼心的話語，都能讓女生們感到窩心。

# 改善親子關係讀心術

少子化的現在，父母親對孩子們總是萬般呵護，深怕他們一個跟蹌跌跤了、被老師責罵了、跟女朋友吵架了，萬種擔心無所不包。正所謂不經一事不長一智，生活上及人生中的點點滴滴，還是要孩子們自己親自嘗試過才會成長。

而親子關係的讀心術如何進行呢？以下來個發問及傾聽實戰練習題：早上送孩子上學要為孩子穿衣服時，我們可以問他：「你想要穿復仇者聯盟還是星際大戰的衣服？」「冰雪奇緣還是 Hello Kitty？」當孩子做出選擇後，接著再問他：「為什麼呢？」孩子回答完之後再稱讚他：「哇～你好棒喔！」請各位記住一個很重要的關鍵，就是我們要讓孩子擁有選擇的權利，當他們擁有自己選擇的權利之後，他們會更樂意去做我們要求他的事情，以及負責任的習慣。

例如：今天帶孩子出門去超市買菜，買完菜之後到美食街吃午餐，可以讓孩子自己選擇要吃拉麵、炒飯還是鐵板燒，當他們

做出選擇之後，再跟他約定要乖乖把飯吃完，他們一定都非常樂意配合。大人自己都不願意配合別人的選擇做事了，為什麼要要求孩子配合我們，如果用命令的口氣指使孩子做事，當然多數孩子會產生抗拒。

## 提升長輩緣讀心術

有句形容長輩的方言俗諺是這麼說的：「躺ㄟ睏未去，坐ㄟ丟哈欠，見共共過去，共過隨未記。」長輩們對未來不見得有新的想法，但是他們多數喜歡思想起，人最珍貴的資產便是人生的歷練，聽長輩們思想起其實就像是他們在給我們授課，聽取他們經歷過的失敗及成功，彷彿也是一種學習。

提升長輩緣的實戰練習發問及傾聽如下：

1. 「為什麼 30 年前台灣的經濟狀況很好呢？」當我們問出這個題目，長輩們一定會開始滔滔不絕的形容當年台灣錢是如何的淹腳目。

2. 「您年輕時做過最特別的事情是什麼呢？」這個問題一定能勾起他們的青春回憶，也許最特別的事會是偷摘隔壁鄰居的水果、上司令台指揮唱國歌等，這些不只是他們的回憶，也是我們晚輩們未曾經歷過的。

3. 「最近公司業績一直上不去，您建議我怎麼做比較好？」長輩們的智慧是用前半輩子的人生換來的，家有一老如有

一寶，這個寶的珍貴在於他會給我們最真誠的建議，教導我們如何走在人生的正確道路上。

# 職場讀心術，提升長官緣

一個公司組織裡絕對存在著著名的「邁爾斯定律（Miles' Law）」，這個定律就是「換了位置、換了腦袋」。「老闆」這個位置有一種無法破解的恐怖魔力，有時讓人神智不清，以為自己能夠無所不能。做員工的要懂得迎合老闆，抓住他的心就等於抓住了整個公司的心臟，只要老闆賞識，就能平步青雲、無往不利。

互動技巧：老闆，我觀察到公司一個現象，若能改善，成本可以降20％，營收可以增加30％，我也規劃了一個方案，可以請您指點一下如何做得更好嗎？老闆，您是如何成功的？我有個計畫，可以幫助公司業績更成長，我想打破您當年的紀錄，需要6個條件，我已經準備好3個，想跟您請教另外3個條件您是怎麼具備的？

〈識人七法〉是諸葛亮在《將苑》提出了為將者所需具備的七項特質，並提出識辨這七項特質的方法，即識人七法：一曰，問之以是非以觀其志；二曰，窮之以辭辯以觀其變；三曰，咨之以計謀以觀其識；四曰，告之以禍難以觀其勇；五曰，醉之

以酒以觀其性；六曰，臨之以利以觀其廉；七曰，期之以事以觀其信。這七項特質可概括為：志、變、識、勇、性、廉、信，也可以理解成為將的早期勝任力模型。

## 一、問之以是非而觀其志

向對方提出大是大非的問題，看他的志向、態度有何特點，也就是價值觀，即是非善惡美醜判斷標準。要判斷一個人是否值得重用，首先得了解他的價值觀是否積極、正確。為將，忠誠愛國是第一位，也是最基本的一項要素，為將者如敵我不分，後果是極其殘忍。在諸葛亮看來，志是第一位，通過詢問對世界、現實一些大的事件和問題，看此人的志向和抱負。

## 二、窮之以辭辯而觀其變

和一個人就一些相關的爭論性話題進行爭辯，可以看出一個人的機敏、反應能力及其心境是否開闊。

## 三、咨之以計謀而觀其識

曾有老外說：在中國做生意，最大的問題是人的問題。管理一個人最好的辦法就是放權與深潛：給予足夠的許可權，讓人有個空闊的活動空間，但暗地裡監督工作的辦事過程，一看其處理事情的能力和見識，二看其對待工作的態度，三在偏離工作軌道或對公司可能造成重大負面影響與損失時，及時出手予以

糾正或制止。

## 四、告之以禍難而觀其勇

通過棘手的事情來考察對方的勇氣與魄力，「狹路相逢勇者勝」，「萬人敵」均是強調為將者的勇敢與魄力，患難可見真情，那遇到困難、窘迫則可考察一個人的勇敢與魄力。在壓力面前，困窘面前，挑戰面前，新事物面前，可以察看對方的勇敢、果斷、魄力。

## 五、醉之以酒而觀其性

與人喝酒並勸酒，可以看出一個人的品性，有的人酒後喋喋不休，此人不能涉及你公司及其個人的重大秘密，因為說不定哪天他喝醉後就全吐出來了；再者，有的人對自己的控制力不夠，當眾就在桌邊大吐，說不定哪天你帶他見客戶就出現這樣的尷尬局面，弄得場面一塌糊塗，難以收場。此外，酒醉後給他找幾個靚妹作陪，看其是否酒後亂性，世界上有三種嗜好的人一定得小心相處：毒、賭、黃。

## 六、臨之以利而觀其廉

觀察一個人或管理下屬，需要給他製造很多可以貪小便宜的地方，看他是否清廉，並分析其貪小便宜之處。確實為生活所迫者，需要暗地裡給予幫助解決，並長期觀察，否則這種人需要

黃千碩 迷你退休

謹慎的提用，畢竟現在的小便宜即使丟失，損失也不算大，但當許可權達到一定程度時，說不定哪天他就席捲而逃，那時不管採取什麼樣的亡羊補牢措施，都顯得為時已晚，損失必然。

## 七、期之以事而觀其信

考察一個人的信譽程度，不妨用上面那種放權的形式，並詢問其完成的時間，時間是他自己定的，你要做的是暗裡觀察其工作態度，以考察在約定時間未能完成任務時的託詞是否當真；否則，就是此人的誠信有問題。當然，即使是與人約會也可看出一二。誠信，為人做事之本，和第一條「志」是相通的，是「志」的體現。

**專家分享**

台中市東南區市議員　　**羅廷瑋**

　　全台灣難得一見最年輕、用最少預算、沒有政治家庭背景還能高票當選市議員的羅廷瑋，從小就待在父母親開的牛肉麵店幫忙招呼客人，工作過程讓他體驗到父母親創業的艱辛，也培養他高度的耐心與謙虛的言行。

　　內心總是喜愛服務幫助人的他，因緣際會下成為里長里民辦公室的志工，以及市議員的助理，幾乎每天要處理幾十位不同里民家庭的大小事情。一段時間後自己也選上了里長，由於真誠熱情的照顧里民，並且執行上百次創新的里民活動深得人心，為了能夠幫助更多民眾，於是在 2018 年挑戰自己，參選市議員。

　　相較於多數市議員都有政治世家或是具備大把銀彈可投入選戰，羅廷瑋只有一些存款，在沒有選舉經費，也沒有長期支薪的團隊可以全天候一起戰鬥，幫他最多忙、最辛苦的就是老婆婷筠，以及鄰長石家鴻。於是，他就想到用最傳統最辛苦的方式來讓還不認識他的民眾注意，也就是羅廷瑋身上背著重達9公斤的行動燈箱及募款箱，每天跟著垃圾車跑，跟每戶出來倒垃圾的居民打招呼，甚至還幫忙民眾提垃圾袋到垃圾車，常常一天跑了4～6小時（約30～50公里）！

　　就這樣奮戰數月後，越來越多民眾還會專程到垃圾車旁為他加油，有一次他累到不支倒地、躺在路邊哭泣，不少人為之動容跟著感動落淚，強調說一定會支持羅廷瑋當選市議員。

　　果然，在2018年11月24日週六晚上開票後，羅廷瑋以黑馬之姿高票當選台中市市議員，他跟千碩我分享，選舉跟創業一樣，都是要先了解客戶最大的需求、痛點，並依照自己最擅長的能力去服務客戶、解決客戶問題，也要用創意的方法吸引新客戶的目光，時時提醒自己「莫忘初衷」，每天全力以赴，隔天睡醒後再以空杯心態繼續為人付出，永遠都在思考、執行如何讓台灣更幸福，讓民眾生活更舒服。

口語表達與演講簡報

# 提升你的說服力與影響力！

擁有迷人的溝通技巧、清晰的咬字發音、超魅力的公眾演說能力，提升百倍業績，溝通有魅力，成為有影響力的人！語言，也就是說話的內容，體現了一個人的品德與修養，吐及應變，也就是說話的方式，將直接影響一個人的人際交往。

什麼樣程度的人，就過著什麼樣的生活。一個人頭腦輸入什麼，他的思想就會是什麼，就會說出什麼樣的話。試著從今天開始為自己的大腦輸入一個新的想法，讓自己朝著那個思想前進，並且承諾要提升自己的程度，例如：一年要聽幾次演講、每個禮拜要讀幾本書、今年要進修什麼技能、今年要參加什麼團體。只要有寫，細節寫得很清楚，你的說話就會調整的更有條理與順序，讓人更清楚你的思想。

## 溝通的六個黃金要點

華人界資深媒體人王介安老師是公認的溝通專家及表達訓練講師，獲得六次廣播金鐘獎的肯定，擔任十屆金曲獎評審，也獲

選台灣「十大最受歡迎的電台主持人」。 王介安老師是千碩我口語表達、人際關係上的指導恩師，認識他十多年來，經常指導我如何與人溝通，實在是非常感謝他。介安老師所指導的GAS口語魅力技巧深受上萬人喜愛，在此與大家分享一下「溝通六個黃金要點」：

## 一、邏輯順暢

邏輯順暢能讓自己擁有更強的說服力，讓別人對自己更加了解，溝通更順利。

## 二、發音正確

發音不正確，容易使人會錯意。尤其在台灣，許多人的成長過程中所使用的語言是台語，在普通話的發音上有時難免有誤，如果句句都講京片子，又太過於標準，反而造成疏離感。

## 三、用詞精準

用詞精準是更重要的原則，想達到精準的溝通，必須掌握「描述力」與「感受力」兩個層面，所謂的描述力指的是描述一件事情的來龍去脈，現代人常常有腦子跑得比嘴巴快的毛病，導致描述一件事情時主語不清、對象不明，讓人一頭霧水。而感受力則是陳述一件事情時加入感覺形容，讓話語的表情（情節）更加豐富，製造危險的、懸疑的、歡樂的或讓人哀傷的氣

氛，重點是使用許多感受性的形容詞，讓人更了解當事人的情緒狀態。例如：大型頒獎典禮的主持人說話要鏗鏘有力，婚禮主持人說話要歡喜愉悅，喪禮主持人說話則要低沉穩重，如此才能夠使與會的來賓們感染現場的氣氛。

## 四、語氣適當

說話時採用的語氣，往往能表現特定指涉的心情，這就是需要「適當語氣」的原因。有時候因為現實關係，心情與語氣必須互相違背，例如：開會時必須嚴肅端正，所以不能嘻嘻哈哈的說話；激勵員工時，即使心裡多麼悲傷，也不能語帶拖宕。在溝通時，不論個人先前情緒如何，語氣應表現適當，不影響當下結果。

## 五、速度穩定

說話速度穩定可以使人心情平穩，話說太快容易使人緊張，好比港口邊清晨叫賣的魚市場，此起彼落的緊湊叫賣聲會引起買家的緊張氣氛，太慢則會使氣氛過於沉悶；中國人怕鬼西洋人也怕鬼的司馬中原老伯伯，說話速度放很慢，雖然能夠增加鬼故事的懸疑氣息，但聽眾如果不專心的話，是很容易會入定夢周公的喔。穩定平和的說話速度，能適度加溫氣氛，在專業的說話速度練習中，一分鐘說 180 至 200 個字，是人體聽覺上最舒服的速度，而我們該怎麼掌握這個速度呢？不妨試試看先用

電腦打出 200 個字，再配合碼表來計時，調整自己說話速度的快慢，並讓這個速度深入身體的記憶感。

## 六、肢體自然

溝通時之所以需要自然的肢體表現，是因為肢體通常牽涉臉部與手腳等多種動作，這些外在的動作呈現了內心的狀態，這也是為什麼專業的舞台劇演員都需要去上表演課，因為他們需要透過臉部及肢體動作來表達角色內心的喜怒哀樂。當我們緊張或焦慮時，肢體也會不太自在，上台講話時，手不知道要往哪裡擺，眼睛也不知道要望向何方。所以，練就隨時能控制自己肢體行動的功夫，腳不亂動、手不亂晃、肩膀不搖晃等，照著這些撇步能為各位的生活帶來具體的幫助，也不會讓自己不穩定的心情在肢體表現上洩了底，反而因為穩定了肢體的表現，而讓人肯定自己是個有自信、靠得住、值得信任的人。另外，也可以趁每天晚上睡覺前練習腹式呼吸法。躺著的時候能夠吸氣吸得比較深，如果覺得最近壓力比較大，或是精神不濟，不妨試試這個呼吸法，藉由調整呼吸速度，情緒自然而然的也變得穩定許多。

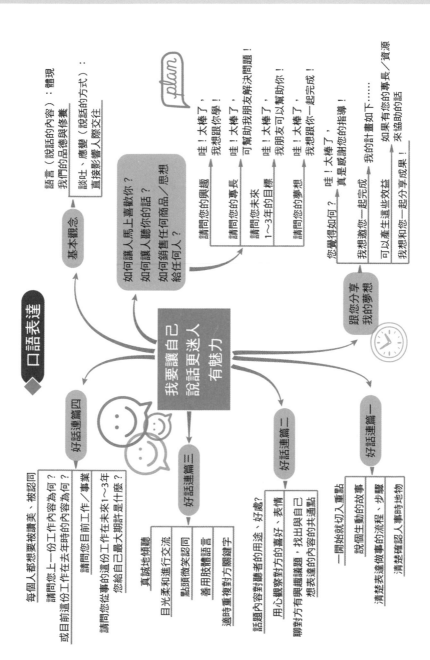

口語表達

我要讓自己
說話更迷人
有魅力

基本觀念

語言（說話的內容）：體現
我們的品德與修養
談吐、應變（說話的方式）：
直接影響人際交往

如何讓人馬上喜歡你？
如何讓人聽你的話？
如何銷售任何商品／思想
給任何人？

plan

請問您的興趣

哇！太棒了，
我想跟你學！

請問您的專長

哇！太棒了，
可幫助我朋友解決問題！

請問您未來
1～3年的目標

哇！太棒了，
我朋友可以幫助你！

請問您的夢想

哇！太棒了，
我想跟你一起完成！

跟您分享
我的夢想

您覺得如何？ 哇！太棒了，
真是感謝您的指導！

我想邀您一起完成 我的計畫如下……

可以產生這些效益 如果您有您的專長／資源
來協助的話

我想和您一起分享成果！

好話連篇四

每個人都想要讚美、被認同

請問您上一份工作內容為何？
或目前工作去年時的內容為何？

請問您目前工作／事業

請問您從事的這份工作在未來1～3年
您給自己最大期許是什麼？

真誠地傾聽

目光柔和進行交流

點頭微笑認同

善用肢體語言

適時重複對方關鍵字

好話連篇三

話語內容對聽者的用途、好處？

用心觀察對方的喜好、表情

聊對方有興趣話題，找出與自己
想表達的內容的共通點

好話連篇二

一開始就切入重點

說固生動的故事、步驟

清楚表達做事的流程、步驟

好話連篇一

清楚表達確認人事時地物

CH
5
腦力開發

接著，除了一對一人與人溝通之外，要讓自己更有影響力、提高收入的方法就是：公眾演說能力。千碩我和世界首富比爾蓋茲有 3 個共通點：

第一，都有受邀到知名演講平台 TED 發表演說。

第二、都在 2008 年退休實現人生第二個夢想。我是去環遊世界七大洲，而比爾蓋茲則是創辦基金會拯救第三世界與醫療上的貢獻，真的是太偉大了，千碩我望塵莫及啊！

第三、我們都學習腦力開發技術。比爾蓋茲在 2008 年《時代雜誌 TIME》採訪，分享幫助他思考更快速的關鍵就是學習腦力開發。而腦力開發也幫助千碩我上台演說簡報能力更出色，演講簡報能力對提升影響力、說服力、增加收入有極大幫助喔，跟大家分享一下 TED 九大要素：

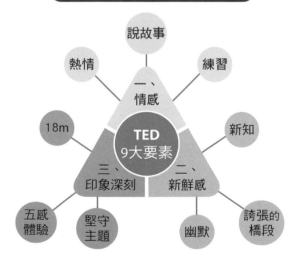

# 說對話，讓人生更順暢

當我們學會如何將話說得好，就已經是踏出成功的第一步。接下來再跟各位分享如何說出好話，讓自己的人生更順暢：

1. 一開始就切入重點。

2. 說個生動的故事。

3. 清楚表達做事流程及步驟。

4. 清楚確認人事時地物。

5. 真誠的傾聽。

傾聽，是回收報酬率最高的一個習慣。要成為一個好的傾聽者其實不簡單，尤其肢體語言會無意間流露出「我不想聽」的訊息。建議根據對方說話內容與情緒，適時發出「喔～真的呀」、「哇！」、「這真的很重要」、「說得太好了」的回應，當對方開心時就跟著一起笑，對方難過時也跟著他一起皺眉，這樣對方就會覺得你不只人在聽，心也在聽，「同理心的聆聽」便是聆聽的最高境界。試想如果有一個人願意這樣聽我們說話，是不是心裡會先感到舒服，覺得自己確實被了解了。

古時候有個國王，他很喜歡出遊，並且經常帶著寵愛的宰相同行。有一天，他們出去打獵，國王打中了一頭獅子，但獅子沒有死，突然奮起襲擊國王，在眾侍衛的護駕下，國王僅受了輕傷，斷了個小拇指。國王很傷心，但宰相卻說：「所有的安

排，都是最好的安排。」國王很憤怒，把宰相關了起來。一個月後，國王的傷好了，他又想出去玩。這次，他自己一個人出去，騎馬來到國界附近的叢林中，舒懷地走在森林的小路上。一群野人突然出現並抓住了國王，打算按照當地的風俗把國王當作祭祀供品呈給上天。就在準備把國王推上祭壇時，有人發現國王的小拇指是殘缺的，而獻給神的禮物怎麼能有缺陷，於是他們放了國王。國王回到皇宮，下令把宰相請了過來，對宰相說：「我今天才領略到『所有的安排，都是最好的安排』這句話的意義。不過愛卿，我因為小指斷掉逃過一劫，你卻因此受了一個月的牢獄之災，這要怎麼說呢？」宰相笑了笑說：「陛下，如果我不是在獄中，依往日慣例，肯定要陪您出行，野人們發現您無法作為祭品的時候，他們就會拿我祭神了。臣還要謝謝陛下的救命之恩呢！」所有的安排，都是最好的安排；說對話，危機變轉機；說對話，好運連連、好夢甜甜。

千碩老師腦力開發讓我思考多元跳脫框架，創意無限看書更快！

陳群英、李明山、歐陽嘉（薇薇 ViVi）

# 一見鍾情的交談魅力

不只是對暗戀的對象，就連面對老闆、父母、伴侶、孩子、老師都一樣受用。

1. 減少重複的口頭語：不講不重要的冗詞贅字，例如嗯啊、然後、那，因為這些無謂的贅詞會讓人覺得你講話沒重點。

2. 搭配內容使用適當手勢，但不要太多：適當使用手勢可以吸引別人的目光，專心聽我們說話，但切記不要太誇張，否則別人會以為我們在演舞台劇。

3. 不掩飾自己的缺陷或錯誤：說話時可能會因發音錯誤而出糗，這時候不要急著掩飾，有時候幽默地承認自己口誤說錯話，會讓人感到親切，甚至化解尷尬。

4. 不要透露太多個人細節：講太多關於自己的事，其實別人根本不想知道那麼多，也容易讓對方將我們看透而失去神秘感。

5. 讓對方多說話：不要老是自己講得口沫橫飛，適當的停下來讓對方發言，他會覺得備受尊重。

6. 目光停留在對方的三角區（雙眼和嘴中間區域）：對談時眼神不要亂飄移，否則會讓人感覺很輕浮，盡量將目光放在對方臉部的雙眼＋鼻子的區域。

7. 不要後背躺靠在椅子上：會讓人感到隨便、不在意及無所謂。

8. 做幾個讓人印象深刻的動作：固定的手勢或代表你風格的

動作。

9. 傾聽時有所回應。

10. 不談論沉重話題：這樣容易讓人心情鬱悶，請不要將自己的鬱悶欲加在對方身上。

11. 持續保持微笑：讓人心情愉悅、感到親切。

猶太人是全世界最注重教育、最愛閱讀、最會談判的民族，總人口不到全球 0.2％，卻幾乎擁有全世界一半的財富，以及掌握各項資源。他們千年來以經驗證實，只有給自己、給孩子持續學習、接受更好的教育、頭腦越聰明，才能適應環境變遷，改變命運。書讀越多、頭腦越聰明，累積的常識越廣泛、研究的專業學問越深，找工作越容易，更容易被升遷加薪，甚至被挖角、給股票，教育程度越高的人（不只在學校教育）甚至自己都可以創造事業、創造市場，何必去找工作。

許多人對神明燒香，對上帝奉獻，希望自己和孩子成績進步、找到好工作，自己卻不愛閱讀、只看八卦，從沒陪孩子去書店，不用心給他挑選好的老師，寧可投資 300 萬的股票或 3 千萬的房子，卻不栽培孩子的教育，神明與上帝如何直接給孩子金頭腦！更糟糕的有錢人還會說，我辛苦賺錢送孩子出國讀書，孩子還不懂得感恩，老了還不來照顧我，只等著爭家產，為什麼？因為你只有給錢，卻不提供陪伴時間，這是沒有用

的，貧窮也很難幸福，而金錢也不可能帶給你和家人幸福，唯有有錢＋有閒＋陪伴＋健康＋好相處才會幸福。

千碩我再用更白話的寫法讓你了解如何創造幸福：不用花很多時間在工作，而工作時很快樂有成就感，每個月收入又非常多，是月支出的 3～10 倍以上，每天睡眠充足、心情輕鬆愉悅，只找喜歡的人碰面，只和喜歡的人往來，多數時間都在陪家人、陪知己一起做他們喜歡的事，讓彼此開心，其他時間都在輪流做自己喜歡的興趣，不論是自己或家人有需要用到正當的支出時，你都可以很輕鬆的付所有的錢而沒壓力，身體維持健康與活力，人越來越年輕，每年出國旅行 3～6 次，住舒適的好飯店，每天吃有機健康美味的食物，專長與事業對人們有貢獻，人們尊重你、需要你。以上，如果是你擁有的生活，幸不幸福？我相信答案是肯定的。千碩我就是過這樣的人生，不以成為首富為目標，而以年輕退休為樂趣。如何做到？腦力開發，可以幫助你提早達成。

猶太教育重視孩子的品德、腦力、精神層次的教育，而非提供物質上的享受，除了讀書的支出父母親很願意提供之外，其他孩子想要的東西，猶太父母都鼓勵孩子自己用勞力、知識、技術、智慧、資源去換取，而非找父母親要。所以，猶太人從小就會鍛鍊自己的表達能力與幽默感，幫助自己達成人生各種目

標。事實上，3 千萬房子的頭期款＝ 300 萬，已經可以讓孩子在國內外學習 2～5 種高階技術課程，培養他 1～3 項特殊技能，讓他以後的成就可以靠自己賺錢買到房子，就算你目前沒有 300 萬，但猶太人發現：最好、最便宜的投資就是閱讀，先從每月買一本好書，能力自然會提升，接著又有動力與收入時改成每週買一本（相信多數人一週吃的零食飲料就 1000 元了）。當你用心在學習與閱讀，一定很快感受到投資報酬率遠高於其他的投資，一直到你有能力一天買一本書，或一天看一本書時，最好再想辦法找到作者跟他請益，或是主動找公司同事舉辦讀書會一起深度交流，你和孩子就能很快地進步，邁向年輕退休之路。因為猶太人寧可和你交換知識與價值，而不是金錢與產品。

如果我只會種蘋果，今天剛好種出 2 顆，出外旅行時一顆自己吃，一顆跟某個異鄉陌生友人交換柳丁，2 個人吃完後互相道別，各自回到各自的生活，依然我只會種蘋果，他只會種柳丁。猶太人就會改成：我和你不是交換商品，而是交換如何種出另一種水果的知識，這樣我們各自回到自己國度時，也能種出無限的新品種水果。

期盼更多父母親都能陪孩子愛上閱讀，培養每年再進修、再學習的以身作則形象，相信國家與孩子的競爭力就會越來越好，閱讀也能有助於心靈更健康、情緒更安穩，帶來更幸福的人生。

米可吉他教育機構創辦人　**趙柏群**

　　華人界第一、台灣唯一的專業吉他教學暨國際巡迴演出團體「米可吉他教育機構」，其靈魂人物就是創辦人趙柏群，出生於經商大家族的他，從小看著多數長輩事業成功，熱愛音樂的他，想從事教學音樂，反而變成家族裡的異類，因為多數經商成功的人都難以理解「玩音樂」的人如何把這個興趣當飯吃。

　　趙柏群為了證明自己的決心，年紀輕輕不到 25 歲就創業成立音樂教學機構，並且以「吉他」為主，應該是說以「吉他」為唯一主角，聰明的策略發展，從教學生彈吉他，到協助考上音樂班、音樂系，培養他們成為演奏家，然後組成「吉他交響樂團」到世界巡迴演出表演，最後栽培有心從事音樂之路的學生成為吉他教學老師，接著幫助高中、大學的音樂系成立古典吉他演奏科系。

　　要完成這些階段性目標真的很不容易，而趙柏群經過十年淬鍊也真的一步步做到，真的讓千碩我非常佩服，而他也向家族裡長輩證明「（音樂）興趣也能當飯吃」，並要求自己極度專業、長期策略思考、團隊規模化以及滿足市場需求（現代人越來越喜歡到歌劇院看專業演出）。

　　趙柏群成立 6 到 60 人的吉他交響樂團，可演奏古典、現代、日本武士劇音樂、浪漫、民謠等樂曲，已經受邀至台中霧峰國立交響音樂廳、新加坡、馬來西亞、北京、上海、廣州、重慶、南寧、哈爾濱等地的學校、企業、社團、豪宅表演演出。2018 年在台中國家歌劇院，以 63 人團隊共同演出（還邀請日本專業吉他演奏家），讓台中國家歌劇院最大廳院 1800 席全部坐滿，這是一項不得了的成績，真正成為華人第一、台灣唯一的專業吉他交響演出團體，創建成功里程碑的紀錄！

　　趙柏群分享自己最大的成就感就是讓學生學習音樂後也能

CH
**5**
腦力開發

成為終身志業、謀生技能，有獨特的技能到國際場合演出備受肯定，對國家的形象有貢獻有榮譽感，對健全的人格特質有正面的養成，養成 2 顆重要的心：自信心與愛心。因為每個在他這裡學吉他的人，都要成為學長姐去協助學弟妹，不僅教學相長還能培養學生樂於助人的愛心與耐心，這是最令人值得效仿的好榜樣。

　　米可吉他創辦人趙柏群感性的分享說：今天的成績最該感謝的就是父親的支持，父親懂得因材施教，不因家族經商背景而要求他選邊站，反倒支持他朝熱情的夢想前進，於是讓他一步步完成夢想。

黃千碩 迷你退休

學員見證

千碩老師腦力開發讓我更有自信面對未來挑戰！

馮逸華、陳筠凡、楊蔓妮

# Chapter 6

# 最能代表迷你退休的生活型態

人因夢想而偉大，
人因實現夢想更偉大，
人若還能幫助別人也實現夢想，
那就福杯滿溢！

## 旅行＆環遊世界
# 開拓視野、壯大格局

人需要出走！有人說，旅行就是帶著一顆好奇的心，用一雙嬰兒的眼睛去探索世界，一場場精采的心靈饗宴，不畏艱辛持續朝夢想前進，是讓人保持青春的訣竅。旅行讓人開開眼界、刺激創意，繼續在世界地圖上插旗，讓人生更快樂！

這幾年來，有許多政府機關、企業、團體邀請我去專題演講「黃千碩 28 歲自助環遊世界七大洲＆南極壯遊之旅」，除了幫助大家增廣見聞之外，事實上旅行的好處遠比你想像的多更多。為了達成這個目標、完成夢想，必須具備時間、健康、體力、金錢、語言、勇氣、規劃力，這都是在考驗一個人的意志力、態度、受挫力、執行力。也就是說，多數人的思考流程是：我要有錢後再來想（規劃）出國玩，這是錯誤的，所以導致人們一直無法有錢，也無法出國旅行。正確的思考流程是：我今年要去_____國家的_____城市，共旅行_____天，要_____萬元，要有_____天假。所以我一定要提升職場競爭力，被加薪、被升遷、創造更多獎金，兼差賺更多額外收入，創業成為有錢人。

時代進步太快，快速淘汰許多行業，也增加了許多新行業、新

商機，你我每個人都要比 10 年前的人類更積極進修才會進步，才會有繼續生存的能力。既然人生有這麼多挑戰、工作、學習、創業、家庭與經濟壓力，那更需要常出國旅行，放鬆心情。

## 信念＋聰明的大腦＋執行力＝心想事成

千碩我喜歡看《商業週刊》，每次看到陶爸分享旅行就好感謝他，因為我相信人一生中最快樂的事就是旅行，特別是陪家人旅行、和知己好友們一起旅行。當有更多人能常常分享旅行的意義與樂趣時，就能讓這個國家的氛圍更活潑。我也是在 19 歲時（西元 1999 年）因為閱讀了一本深度旅行書《縱橫七海》，而鼓起勇氣寫下承諾，答應自己：我，黃千碩，一定要在 80 歲上天堂之前、或退休時（65 歲），靠自己的能力自助環遊世界七大洲！

**註**：地球七大洲為亞洲、歐洲、非洲、北美洲、南美洲、大洋洲、南極洲。

**註**：當時 19 歲的我希望活到 80 歲，現在 37 歲的我希望活到 120 歲，嘻嘻，加油！

只要先有個夢想，就已經開始有偉大的視野，自然會去規劃出偉大的計劃；接著，因為開始「去」實現夢想而在過程中變得更偉大；最後，真的實現夢想而真正成為一個偉大的人，不是空口說夢想的人。若還能幫助別人也實現夢想，那就福杯滿

溢！感謝上帝，在我 19 歲時，就立志寫下要在 65 歲前環遊世界，結果 28 歲時實現了，提早 37 年做到！全台灣 2300 萬人，不超過 10 個人做得到，而我又是第一個最年輕靠自己做到的人！

每年可以隨時出國旅行，真的很幸福，而旅行能夠大大提升視野與格局，讓人生與眾不同。旅行讓人看見世界很大、很美，盡可能到不同文化國度旅行，就像創造第二人生，不只精神財富滿足，還能降低物質慾望。到世界旅行讓我看見自己，看見自己的渺小，時時提醒自己要再謙卑一點、要再付出一點，存好心、說好話、做好事。孩子們更要多多旅行＋多多閱讀，體驗童年與青春，多運動，學習自己熱愛的興趣，鑽研想要成就的知識領域，一步步成為專家，為社會解決問題，而非接受填鴨式教育後只想找一份微薄收入的工作。所以，鼓勵家長們務必要多帶孩子出國旅行，不要只把焦點放在孩子的學校成績，孩子腦力開發之後，讀書自然輕鬆成績又會很好，不一定要第一名，懂得學習與思考的能力比較重要，至於孩子的家教與品德，相信各位讀者都能自己做得很好。

千碩我調查最少 1 萬人之後，歸納出多數人此生要學習強化的能力，主要包含以下三大項：

1. 如何有創意，讓賺錢更容易。

2. 如何有效率的學習新知識以及工作，讓自己擁有更多自由。

3. 如何強化溝通表達、EQ，讓自己的人際關係更好。

以上這三大能力，攸關您是否能提早退休、年輕退休以及完成環遊世界的夢想。

**學員見證**

千碩老師腦力開發讓我對人生更有方向與計畫，喜愛閱讀與思考！

陳冠宏、林以嫻、廖亞淑

# 旅行讓家庭更幸福

自古以來，人類持續透過旅行探索未知的世界，打開視野、豐富人文素養，也讓自己的國家更進步。凡是有旅行經驗的人都知道，每次只要去了一趟不同文化的異國之旅後，整個人的身心靈都能得到最美的提升。人一生當中，最令人雀躍、喜樂、滿足及幸福的時刻，就是戀愛、結婚、生子和旅行，這也是一生最美的回憶。所以，若一生當中還能常常和愛人、家人一起去旅行，這將是最幸福的人生了。

既然一生當中旅行的次數與天數已經不多，所以我們一定要在每年年初時，就優先安排好今年或明年的出國計畫（如日期、機票、飯店等），再來安排工作的行程，請各位放心，大腦一定有辦法在出國前一天將工作告一段落。倘若沒有先買機票與

預訂好飯店，我們永遠都會覺得今年的每一天都還有重要的工作事務需要完成，這樣的惡習一晃眼就過了一生，完全不值得。更何況，只要用心提升腦力及自己無可取代的競爭力，即可創造更多的收入與自由，能力好的人每年帶家人出國旅行幾次後，絕對不怕回國後還會失業。跟著千碩我的方法，你會發現提早退休，完成環遊世界夢想實在是太簡單了！

鼓勵大家看完這一頁之後，馬上打電話給家人，跟他說：「我一定每年帶你們出國度假 3 次！」這一句話很神奇，讓人整天工作充滿活力和熱情；這一句話很美麗，讓家庭一整年充滿歡樂與溫情。與各位分享出國旅行營造幸福人生的步驟：

1. 首先，家裡要有一張很大的世界地圖和地球儀。
2. 每周假日時，和家人舒適的看看地圖，一起討論今年要去哪個國家玩，以及為什麼是這個國家。
3. 決定好之後，到書店認真逛逛旅遊書區，挑選介紹要去的國家或城市的書。
4. 全家人一起討論行程，並各自上網查出想要吃的美食，個人必逛的景點。
5. 晚餐時，每個人輪流發表自己查好的內容，拿出行事曆討論哪一天出發。
6. 訂機票、查想住的飯店。

在這些過程中，家人的感情會越來越好，不用要求孩子，他便

會主動寫好功課，反而是多一些時間陪伴孩子閱讀該國家的歷史、地理、文化藝術、商業經濟等；自己則是會想出各種方法讓工作更有效率、表現更好，做好財務規劃、投資理財。甚至全家人有共同目標，會一起學外語，找該國家（例如義大利）在台灣舉辦的相關展覽、音樂、餐廳。當我們做到每年都帶家人出國旅行的時候，會發生很有趣、很神奇的現象，那就是自己的事業、財富、健康、心情、感情及孩子的功課都會越來越好。我真的好愛出國旅行，旅行讓我的人生真完美，你呢？喜歡旅行嗎？加油，把書放下，別看了，趕快先去執行上面1～3步驟吧！

因為我不是外語老師或翻譯，所以不用花很多時間學習某個語言到精通，但出國玩的經驗得知，如果能學會當地國家的語言，的確對旅行能產生助益。所以這15年來，千碩我每年進修學習一種語言，然後在出國玩之前，再加強、複習一次，主要為英語、日語、法語、西班牙語、義大利語，接著在最有印象的時候出國旅行，馬上派上用場，強化記憶長度，由於能用當地國家語言跟當地人互動，往往得到更開心的回應與熱情的服務，讓旅行更順利、更有趣。同時，時常閱讀世界百科、歷史、地理、旅遊書、國際趨勢，並且做聯想訓練、接龍聯想，有助於自己對世界更好奇、更了解，若讀者您能夠常陪孩子做這個練習，對全家人想要出國旅行的動力會更加強，也能玩得

更有深度。

世界上沒有一份工作可以讓一個人每天做而幸福的，大腦最大的幸福感會發生在將工作之餘的空閒時間用來做幸福的事情，若只是將空閒時間用在一般的活動，久了幸福感也會減少，若空閒時間越多並用在不同國度的旅行，幸福感最大、最強、最久！

## 請寫下本章節，對您的啟發與靈感喔！

---

---

---

---

---

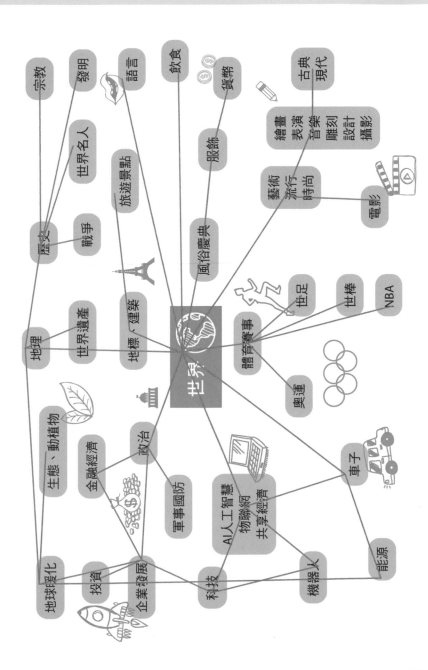

The Café By 想台中咖啡館執行董事　　**Lisa**

　　台灣中部最大的城市，也是享譽國際的宜居城市──台中，有一間人氣沸騰、優雅品味的咖啡館「The Café By 想台中」，由於餐點品質好，又位於台中（全台灣）最好的高級住宅區「七期」，眾多藝術家與知名企業家都是座上嘉賓，而成就這一切的主要舵手就是咖啡館的執行董事 Lisa。

　　Lisa 是迷你退休的最佳代表人物，她在英國投資婚紗事業、擔任台中惠文扶輪社公關主委、獅子會會長，敬業用心的態度加上樂於幫助朋友實現夢想，讓她事業成功，生活多采多姿，是許多現代女性值得學習的好榜樣。

　　Lisa 認為創業給她最大的成就感就是可以交到更多有質量的好朋友，因為在經營事業時要常和廠商、客戶交流，往往獲得許多意想不到的善緣，因此求知慾與好奇心變得更強，人生進步得更多。像以前出國旅行是為了讀書、探訪古蹟名勝、放鬆心情，但創業（咖啡館）後的旅行，變成在旅途中會安排到當地特色知名的咖啡館，欣賞別人經營的優點，然後彙整好靈感後立即和員工分享、討論，團隊每個人也跟著進步、打開視野，這種自我實現的價值感真的很棒，讓人每天充滿活力！

　　由於 Lisa 從小就喜歡美的事物，所以去學習服裝設計、珠寶設計、飯店管理，多數人也許會將這三個專長中的其中一項當作工作、職業，但 Lisa 卻發現若把這三項知識、見聞「串連」在一起應用於不同行業（經營咖啡館）反而更有趣，這也符合創業成功的重要因素：創造特色差異化。

　　「The Café By 想台中」的經營理念就是要創造一個讓大家在這裡容易產生夢想的環境氛圍，並且可以和 Lisa 分享夢想，有機會直接在咖啡館裡面實現夢想。台灣有這麼棒的地方，真美！

# 居家生活
# 在平凡中發現樂趣

童話故事總是以王子與公主從此過著幸福快樂的日子做結尾,而擁有一個幸福美滿的家庭是每個人內心的渴望,但故事裡並沒有也不會描述要如何做到的「細節」,所以,多數人便會以為嫁給王子、娶到美女、住進城堡就會幸福。真正感到幸福的人會把更多的時間花在家庭生活上,更樂意和家人一起分享生活的樂趣,包括一起培養興趣、進修學習、閱讀,創造共同成長的機會。

居家生活幾乎占了 60 ％比重的幸福感,甚至更高,因此想要成功的退休、過著半退休的樂活人生,或是就算還要朝九晚五工作 10 年以上,居家生活的營造能力,極為重要,而且不一定要拼到成為超級富豪之後,才想要用一天的時間讓家裡瞬間變美好,關鍵在「從今天開始」一點一滴的營造,以及一年比一年更進步即可。一座城市的規劃,不可能一夕之間變成烏托邦,只要有好的領導人與有文化的市民一起共同努力經營與維護,這個城市就會一年比一年好,你的家裡也是一樣。

營造幸福的居家生活,千碩我具體的經驗有:

1. 居住的城市、地點。
2. 家人的 EQ、習慣、個性、價值觀、興趣。

3. 是否有一起買菜、在家一起烹飪、一起用餐。

4. 食材品質與料理技術。

5. 衣服穿著與洗滌整燙。

6. 臥室床舖寢具的選擇。

7. 住家房屋的品質。

8. 鄰居的素質。

9. 家裡面的整潔乾淨程度。

10. 安靜程度（家裡、鄰居、窗外）。

11. 空間大小、格局、動線。

12. 生活機能與交通。

13. 傢俱與生活用品的品質。

14. 裝潢設計的品質與風格。

15. 講究一點的人更可以研究基本風水。

是否有發現細節很多吧，最少 15 項，每一項目要學的、要做的事又很多，千碩我非常注重生活與做事情的細節與執行步驟、流程，還要考慮他人的感受、感覺、可能發生的狀況、如何預防、如何解決，都會盡可能先思考。就像想要事業成功一樣，別老是用喊的：我要成功成為有錢人！甚至整天四處找朋友討論「如果」成功後的喜悅，聊得很興奮，聊完後回家睡覺，隔天繼續聊，但永遠沒行動方案，怎麼會有結果！應該要把時間用來計畫細節，然後執行細節，才會一步步走向目標。

若要攻頂玉山（隱喻想要實現某個夢想），不可能毫無計畫與準備，就只喊說：我一定可以登頂成功！至少要先擬定方向、計畫，等細節確定可行，再全力以赴前進，若在前進過程中糧食不幸遺失、體力不足、氣候突然異常等狀況導致無法繼續前進，頂多休息一下或下山，擇日再戰，這樣才會留下對的經驗，下次成功機會就能提高，而不是用喊的卻沒行動，或是沒計畫。

同理，不能整天喊：我要幸福、我要退休、我愛家人、我要有好的居家生活，只有用喊的是不會發生神蹟的！每天對上帝禱告希望兒女孝順，自己卻沒有陪伴小孩或對小孩亂發脾氣，只給小孩零用錢，卻不給他你的時間，孩子的腦海裡沒有家庭的甜蜜回憶檔案，當然會在你年老時只注意到你有多少資產可以分，這樣上帝要如何幫你。上帝的應許會直接出現在愛的行為，而不是愛的告白。建議大家可以參考千碩我上述的經驗，具體擬出好的居家生活的 15 項細節，並且一項一項去執行，親自執行細節過程會累積很多智慧，有助於套用在人生其他地方。另外，請您寫下：

1. 要面試成功的 15 項細節。

2. 和一位大人物請益要注意的 20 個細節。

3. 要追一位異性緣很旺的心儀對象的 25 項細節。

4. 開公司創業的 50 個細節。

5. 想要年輕退休或提早 10 年退休的 100 項細節。

當你越用心思考去撰寫，就會獲得越多啟發與靈感。

居住的環境，明顯左右幸福感。全世界主要的先進國家或熱門城市，每一年、每二年都在比賽，評選出最宜居／移居的城市，最適合居住的話題比哪裡最好玩、最賺錢、可投資還吸引人「用心」關注，因為好玩、好賺錢、好投資的城市，是為了娛樂與金錢的特殊目的，一般人只會想去幾次，待個幾天，甚至置產後再也不會去，熱銷話題過後，便沒興趣和朋友討論，只等待回收租金或等未來轉售，連你自己都不太想住，只想靠它賺錢的話，是不會投入太大情感。就跟投資他人公司股票和自創事業，對細節的要求程度就是不一樣。選擇「居住」在哪，大大影響幸福人生與退休生活的感受，因為人活著就是一年 365 天都要面對食衣住行育樂以及人際關係，24 小時都在適應溫度、溼度、氣候、陽光、空氣、水、聲音。所以，宜居在哪個城市比移居到哪個國家更重要，甚至，宜居在城市的哪一區和方位座向也要思考到。

主流移民的熱門國家，每個國家最少有 5～10 座城市以上（除了新加坡、梵蒂岡、摩納哥之外），每個城市彼此差異到讓人以為到了不同國度，所以若問移民代辦公司說：您建議我移民到哪個國家最好？實在很難有最好的答案，只能說除了戰亂赤貧國以外的都很好。所以，當每年公布全球最幸福國家（多年來幾乎是澳洲、丹麥、瑞士、冰島、挪威、芬蘭、加拿大、荷蘭、紐西蘭和瑞典）之後，接著應更理性的思考要住哪一個城市，而不是一昧覺得某某國家最好，要移民或移居，大方向先參考國家，但細節應該是了解城市，每一座城市都有其優點，配對你的習性、價值觀、未來生涯，並且親自去旅居過才客觀，而不是只看宣導影片與廣告。

本書既然探討迷你退休、年輕退休、提早退休以及幸福人生，而居住條件又占很大比例，若讀者們要移民，或認為移民到比台灣更好的國家會讓您更幸福享受退休的話，建議您提早到移民公司諮詢並多了解，提早做規劃準備；反之，若未來幾年都以住在台灣為主的話，由於台灣各主要城市都有其優點，只要環島評估後發自內心喜歡目前所住的地方，便已達到幸福合格。

好的居住環境、好的生活品質比金錢重要，而金錢又可以換來好的居住環境與生活品質，二者環環相扣。千碩我因為年輕時就環遊世界、走訪許多城市，又去學建築和室內設計，家裡有

五分之一的書都是跟建築、城市、室內設計相關，所以對於一座城市以及居家品質能帶來的幸福感受很強，加上經常跟全球城市交流協會董事主席柯昇沛博士互動交流，他的國際格局又讓我學習到世界上許多城市能夠發展進步的關鍵，真的很感謝柯昇沛博士的指導。同時，他也是少見的幸福人士代表，非常愛家庭、人際關係又好、謙虛好學、熱心助人。

不論您的收入是普通或中上，只要移居到自己認為很宜居的國家、城市、地區之後，心情放鬆的程度與幸福度就已經先加分，會讓人更有動力想要持續擁有，因此大腦會常常產生腦內啡＆多巴胺，使得學習、工作的情緒都會越來越好，有助於提升工作表現、帶動賺錢能力。再來，當您更用心在居家生活品質的提升，讓自己一直充滿幸福感時，大腦就會不斷思考如何用更少時間賺到更夠用的錢，因為要給家人更好的生活，還會明顯提升用錢的智慧。

提醒您，若您的收入越來越高，已經很明顯超過物質生活需求時，先不要急著把錢用來擴充下一家企業，因為固定成本越高、要開會的機率越多，將會永無止境的忙碌，不少家庭失敗、失去健康的有錢成功人士就是這樣。但，如果你做的事（事業）是為了榮耀上帝、幫助更多人類，能將生命（時間）用來照耀大地、造福社會，就是件很值得的事！

以下建議，請提筆寫下心得與啟發、靈感與計畫：

1. 若收入中等，能省則省，要耐得住誘惑，除了工作之外的時間，可以排滿行程去運動以及去書店，多閱讀、多進修，強化競爭力以提升收入。就算住的地點與房屋整體環境目前不是最好，但要求自己一定要讓家裡更乾淨更整齊。

2. 若收入中上，平常不要亂花錢，應要省錢、存錢，繼續多閱讀、多進修，強化更強競爭力以提升更高收入。並且移居到稍微好一點的城市或地區，家裡務必維持乾淨、整齊、斷捨離。

3. 若收入已經很高（年薪百萬元以上）且逐步超過一般生活支出，也就是生活品質可以更好，切記不要把每月大量餘額拿去買奢侈品而成為高級月光族，而是移居到預算內最宜居的地點以及最好的屋況。同時，可以撥更多預算進修學習更高階的技能，有助於下一年度的收入更高。

4. 若願意一直提升專業競爭力，逐步成為行業的佼佼者時，想必收入已經超高（最少年收入千萬以上），就有能力選擇最宜居城市的最好學區或住宅區，此時心境與幸福感肯定與以前截然不同，當然，那是因為您願意比其他人更努力進修學習、用腦創業、用心經營，所以才會成為高收入族群。接著每月收入扣除高品質生活支出後，一樣不要把大量餘額的錢花在奢侈品，但可以使用品質好的生活用品，更健康的食材，以及可以讓身心靈更健康的精神層次的休

閒活動。也就是說，事業有成就、高收入的人，除了不要得意忘形，不要亂花錢之外，也不要把事業賺到的錢，老想著要再擴充更多事業、下一家事業、還橫跨不同產業，這樣會變成背著沉重金條在滾輪上疲命奔跑的老鼠，一年多數時間都在拼事業、開會、看商機，沒有幾天時光可以停下來陪愛人享用美味的起司。嗯，最好再加一杯紅酒更幸福，而且地點是前往悠閒地中海的遊輪上。

## 請寫下本章節，對您的啟發與靈感喔！

將事業所賺到的錢做以下的運用：

1. 讓原本事業的品質更高，效率更高，提升產品的延展性與創新，提升客戶服務品質，科技化使成本降低。

2. 既然收入遠遠超過支出，甚至存款也足夠 18 個月的生活，就可以適時的將事情外包授權給他人、給更專業的人做，自己只要每個月花幾天時間處理 20 ％最核心的事務即可。

3. 同時，每月先安排好自己的休閒行程、家人活動，再安排工作行程，先將時間用來給家人、孩子和自己的身心靈（閱讀、運動、進修、欣賞藝術、大自然、踏青）。

4. 專心研究投資理財與被動收入，讓額外收入逐步高於生活支出，如此一來，公司的營收只要每季持續正成長在合理利潤範圍內，就不會想要急於擴充，把時間與資金卡死。

多少能力做多少事，千萬不要勉強自己，不超時工作、不超貸擴充事業；不要滿足於現況（不能委屈求全，不要接受貧窮的生活），應要積極向上，完全不抱怨，多閱讀，認真學習改變現況；不要得意忘形，才賺點錢就揮霍奢侈；更不要貪心，別因為賺到更多錢，就先想要擴充事業，應該把預算用來建立自動營收系統，除非家庭、退休金、投資組合、保險、公司營運全部穩定，同時因為懂得外包授權，讓自由時間變更多，再來考慮把下一筆閒錢與時間拿去擴充事業。有錢很好，但沒什麼了不起，你和孩子的品德、教養、健康、親子關係比較重要，

陪伴家人的時間比較重要。

**學員見證**

千碩老師腦力開發讓我生活更有方向，更懂得有效規劃目標！

李宛穎、齊玉美、林均慧

請提筆寫下每一項讓你幸福的居家生活改進方案，以及開始執行的日期：

1. 調查想要宜居的城市、地點：

   _____。

   此城市或區域最吸引我的原因：

   _____。

   希望最快／最慢何時移居：

   _____。

2. 我和家人的 EQ、習慣、個性、價值觀、興趣：

   _____。

   如何改善或結合：

   _____。

3. 和家人一起買菜、在家一起烹飪、一起用餐，一個月或一週幾次：_____。

4. 食材品質與料理技術，買書研究以及上烹飪課，何時開始：

   _____。

5. 衣服穿著洗滌整燙：

_____。

6. 臥室床舖寢具的選擇：

_____。

7. 住家房屋的品質：

_____。

8. 鄰居的素質：

_____。

9. 家裡面的整潔乾淨程度：

_____。

10. 安靜程度：

_____。

11. 空間大小、格局、動線：

_____。

12. 生活機能與交通：

_____。

13. 傢俱與生活用品的品質：

_____。

14. 裝潢設計品質與風格：

_____。

15. 研究基本風水：

_____。

最能代表迷你退休的生活型態

16. _____ 。

17. _____ 。

18. _____ 。

19. _____ 。

20. _____ 。

# 規劃迷你退休生活型態

在此跟大家分享我個人的居家生活：

1. 睡醒時，在床上按摩頭皮及耳朵，再按臉部脖子，搓熱按摩雙手與腳底。

2. 慢慢喝溫水，看日記，裡面寫著人生夢想、今年目標。

3. 做大腦體操（左右手同時反方向旋轉）、甩手、擊掌、全身舒展、體操。

4. 複習並寫下自己最滿意的理想生活。

5. 早餐用熱水沖泡有機燕麥片＋亞麻仁＋芝麻，搭配 6 種生菜青菜＋核桃、堅果、杏仁＋ 2 種口味的有機橄欖油，吃蘋果、葡萄、聰明膠囊，思考今年計畫如何調整得更好，閱讀一本書、寫寫靈感。

6. 上午閱讀，喝維他命 C 飲品、喝水或新鮮柳丁汁。

7. 午餐在家煮飯，牛羊雞豬（每天輪流一種肉）、每天一條魚、蛋、青菜、紅蘿蔔、番茄（每 2 天吃一次），喝水。

8. 飯後閱讀，吃鳳梨、木瓜或益生菌幫助消化，喝水。

9. 下午閱讀，製作教材、演講簡報、寫書，聽聰明音樂，吃鈣片、魚油（每 2 天吃一次），喝水。

10. 下午／傍晚去運動，走路散步、甩手、擊掌、唱歌、想像最理想的生活，喝水。

11. 晚餐在家煮飯或外食，喝水。

12. 餐後吃益生菌或鳳梨，閱讀、看電影、逛書店、買菜、逛百貨公司找靈感，喝水。

13. 洗澡，睡前閱讀，寫日記，喝水。

以上幾乎是千碩我每天的生活，以下則是我每週、每月、每年的生活模式：

1. 每天喝 1500cc 的水、幾乎不喝飲料、幾乎不吃油炸食物及精緻加工品。

2. 鞋櫃、客廳、餐桌、書房、書桌、書櫃、廚房、房間都保持乾淨整齊，讓思緒清晰、心情穩定，東西分類清楚，找東西快又省時，並且盡量斷捨離。

3. 每月戶外踏青 2 次、看展覽、進修、學新的興趣。

4. 盡可能不熬夜，晚上 11 點以前上床睡覺，睡眠極充足，一天睡 8～10 小時。

5. 規劃海外旅遊行程，閱讀各國家的文化、歷史、地理、潮流等相關書籍，一年出國旅行 6 次。

6. 閱讀《經濟日報》，每周閱讀 7 至 10 本書，每月看《商業

週刊》、《今週刊》、《世界高級品》、《天下雜誌》、

《遠見雜誌》、《東西名人雜誌》、《知識大圖解雜誌》、

《科學人雜誌》。

7. 聽外語有聲書，大聲唸不同語言的會話。

8. 練習用左手寫字、畫畫、拿筷子、刷牙。

## 專家分享

旅居日本東京的僑民　永田悅敏

　　在日本旅居創業長達 30 年的永田悅敏，可說是道地成功的台灣好榜樣！她建議台灣的讀者若要想到日本發展（特別是去創業），以下重點可做參考：要有誠信，接地氣入境隨俗，找貴人協助合作不要單打獨鬥，保持自己的氣質，不用刻意把自己變成日本人，每次的言行舉止都是代表他人對台灣人的看法，所以要保有良善的心、積極專業的工作態度。

　　此外，永田悅敏發現台灣創業家比較有應變、創新能力以及勇氣，比較願意出頭表現，不會甘於終身成為一間大企業的永久員工，較會主動到海外找機會。而日本中小企業老闆則是比較重視守時、禮儀，凡事都要先做好規劃，很有條理與紀律，保守、內斂，比較不會朝國際化發展。

　　台灣經濟始終不起色，多數勞工上班族的福利、薪資也大不如前，因此許多 30～40 歲想創業的人也變多，而多數人除了在台灣創業之外，通常會想到大陸內地或是東南亞，其實也可考慮到日本，只要自己的專業技能能夠解決目標客戶的困擾，商機就在那，加上前面提到台灣人獨特的優點，若在日本創業，反而有機會讓日本客戶更喜歡找你服務喔！

## 進修再學習

# 享受退休同時讓生命進步

不論讀者您們選擇迷你退休，或是提早退休，或是年輕退休，還是合理年齡 65 歲退休，進修再學習是退休生活中，讓自己有繼續生存動力的重要行為喔～

若工作與生活都失去了樂趣，那和死了有什麼差別？為何有許多人就算一生順利、健康、平安，不退休都沒事，一退休才幾年就失智、生病。根據統計，平均退休後 5 年左右就會上天堂。怪了，大家不是很想退休嗎？

因為千碩我實際體驗過退休生活，也看了數百個年長者、老人家案例（因為教腦力開發，8 成的學員都是 28 歲～55 歲的人來上課，主要是來學讓頭腦更聰明、賺錢更容易；而 20 ％的人為 56 歲～70 歲，主要是為了預防失智）。我調研全球預防失智協會加上教學經驗發現，先不講退休時存款夠不夠用，能夠繼續維持身心靈健康、不失智的關鍵是：有生活目標、有人生遠大的願景、有下一個自我實現的計畫、有可以共學的家人與夥伴。

本書既然談迷你退休，所以本章節要跟大家談的是「進修再學習」就是一種可以享受退休又可以同時讓生命進步的方式，可以讓退休生活更充實，幫助你度過無聊的退休，人只要連續一段時間都覺得活著很無聊，那就真的跟死了沒差別。

## 看一個人的程度，就知道他的收入！

首先，為何比爾蓋茲與巴菲特、貝佐斯都非常提倡要多閱讀、多進修？所有高收入的人，是因為有高收入之後才撥空去學習呢，還是從年輕開始就比別人更積極學習，才能讓自己的收入一年比一年高？一個人的實力、程度、創意及點子，只靠工作經驗來取得實在太慢，再加上其實大多數的工作內容都是一成不變，所以做一年跟做十年的程度是沒什麼提升，收入當然也不會倍數增加。

所以，看一個人的收入就可以知道這個人的程度和競爭力，如果你去進修，要主動和老師以及其他行業的同學請益，彼此互相腦力激盪，就能夠更快提升自己的程度，當然加薪的速度也會比較快。白天工作時，我們的大腦必須專注於執行工作內容，唯有在下班後閱讀、接收新的知識及概念時，大腦才會聯想到更好的工作流程以及做人處事，幫助自己隔天工作時表現的更好，當你隔天下班後又繼續閱讀、進修、學習，又會幫助下一個工作日在工作上表現的更好，這樣不斷的良性循環，工

作將會越來越有效率、有品質，不斷超越自我。

只要連續專注 2～4 年，其實就容易成為某領域的佼佼者，持續不斷的學習、實踐 5～10 年，幾乎就沒有同行可以超越你，這個時候，多數的客戶會開始只找你服務、只購買你的產品或服務，你的收入當然會以倍數成長。也就是將時間集中在自己最喜歡、最擅長的事情上即可。

## 遇到困難挫折不輕言放棄

一位老人指著天上，對年輕人說：「你可以數得清天上有多少星星嗎？」年輕人說：「當然數不清了，這和我有什麼關係？」老人望著年輕人，語重心長的說：「孩子，在白天，我們所能看到最遠的東西是太陽；但在夜裡，我們卻可以見到超過太陽億萬倍距離以外的星體，而且不只一個，數量是多到數不清的。」這時年輕人若有所悟的時而抬頭看看星星，時而低頭沉思，想著老人說的話。老人繼續說：「我知道你的處境不順利，但若是年輕時便一帆風順，終其一生你也只不過看到一個太陽；重點是，若你的人生進入黑夜時，你是否可以冷靜的看到更多的機會，幫助自己走出難關。」

以上故事，請讀者學員們再朗讀一次，並且深入思考一番，寫下感想與啟發，在睡前請務必找家人跟他分享討論這一個故

事。這個故事告訴我們，不論目前是否已經退休，或是還需要再拼搏個十幾年才能退休，都應該每年養成進修再學習的好習慣。處境不順利，往往是競爭力不足以及人際關係不好所造成；處境不順利，不會先抱怨，而是可以很快想到解決方案與看到更多機會，是因為書讀得夠多。退休前積極進修學習，除了是為了培養謀生技能之外，還要防止退休後無聊、失智、沒有收入來源以及沒人想跟你相處。

## 請寫下本章節，對您的啟發與靈感喔！

世界沒有悲劇和喜劇之分，如果能從悲劇中走出來，那就是喜劇；如果沉緬於喜劇之中，那它就是悲劇。也就是現在生活過得勉強不太幸福，不知何時才能出國玩，不知何年才可以退休，目前看來是個悲劇沒錯，但只要是個健康的人，願意正面思考趕緊多進修、多讀點書的話，人生很快就會變成喜劇。同樣的，不要以為有點錢可以享受生活或開始退休了，看似是個喜劇沒錯，但若個性變得自傲，不再進修閱讀，不注重養身，多數人不到幾年就會開始生病、開始失智，只要病情逐漸影響家人的作息與心情時，通常家人會對你失去耐心，甚至不太想跟你互動往來，那就會變成悲劇。

老子《道德經》：「禍兮，福之所倚；福兮，禍之所伏。孰知其極？其無正也。正復為奇，善復為妖。人之迷，其日固久。是以聖人方而不割，廉而不劌，直而不肆，光而不耀。」翻成白話文就是說：「禍啊，福因之而生；福啊，禍就潛伏其中。誰知道它們的究竟？它們並沒有定準。正忽而轉變為邪，善忽而轉變為惡。人們的迷惑，已經有很長的時間了。因此，聖人方正而不割人，銳利而不傷人，直率而不放肆，光明而不刺耀。」所以，要爭氣不要生氣；要開心不要傷心；要突破不要看破。生命就像一面鏡子，我們笑它也笑、我們哭它也哭，心態好一切都好。堅持做好真實的自己，相信自己是獨一無二的，笑笑對人生，讓生活過得有滋有味。

## 玩興趣玩到被肯定
# 成為事業第二春

人生輸在起跑點沒關係，重點是能贏在「轉折點」，接著走向自己美好的終點，沿途欣賞自己創造的風景，根本不用和他人賽跑，沒有比較就沒有輸贏面子問題，邀請大家一起來欣賞你的風景（興趣），甚至入住你風景的民宿（付費獲得你的興趣），心靈自由幸福感絕對大過於工作成就感！

進修學習是最棒的退休生活之一，接著本章節再加強讓退休生活更有意義，也就是享受迷你退休時要更充實，盡量玩興趣，而且玩到被肯定，成為事業第二春。但要注意，每一年的興趣範圍不可太廣，一定要鎖定 1～3 項，然後把這個興趣玩到變成該領域的佼佼者喔。

第一步：重新評估確認自己目前的位置。

第二步：找到自己的強項與賣點。

每個人都一定有自己的長處，要建立自我品牌的戰略，讓自己擁有一個特殊價值，將自己的新技能與人脈受到其他同行、人力公司的青睞。透過發掘自己擅長的領域以確立自己的品牌，稱為 USP 獨特的賣點（Unique Selling Proposition）：說到某某

話題就會想到某某人。試試看使用「荷包蛋自我分析法」來挖掘自己：首先，在白紙上畫出一個中間有著圓圓蛋黃的大大荷包蛋，在蛋黃的部分寫下自己拿手或喜歡的事情，而蛋白的部分則填入自己討厭或不擅長的事項。透過這個方法發現到「啊！這就是我的長處。」對自己說：我一定會讓自己最拿手、最喜歡的興趣，玩到更專業！

## 第三步：強化所長，捨棄所短。

強化自己的長處，並請他人分攤不擅長的部分，集中火力，不浪費任何精神與時間。與其憑藉著耐力去勉強自己做不喜歡的事，倒不如全心全意投入去做自己喜歡的事，反而能維持高度的熱忱。而個人品牌的建立，其實也是讓工作熱忱能持久的「永久動力」。海明威：「征服自己需要更大的勇氣，其勝利也是所有勝利中最光榮的勝利。」持續經營個人品牌，創造自己的「獨特賣點」，就是不斷地征服自己目前最好的狀態。如果只是單純的想玩興趣，而不能成為解決方案的人，那興趣也只是個打發時間的休閒活動，要將興趣玩到被肯定，就是去思考：我的興趣除了娛樂自己，也可以幫助他人。

人生輸在起跑點沒關係，重點是能贏在「轉折點」，接著走向自己美好的終點，沿途欣賞自己創造的風景（興趣、事業），不用和他人賽跑，沒有比較就沒有輸贏面子的問題，而是邀請

大家也一起來欣賞你的風景（興趣），甚至入住你風景的民宿（付費獲得你的興趣）。心靈自由幸福感大過於工作成就感，若能將興趣轉換為助人的事業，則是喜上加喜。

例如，女裝品牌「ERISD MIRO厄里斯魔鏡」創辦人eva芯羽，從小就喜歡將自己

ERISD MIRO

打扮的漂漂亮亮，長大後自然喜歡投入大量時間研究穿搭技巧與時尚，還專門學習享譽全球最專業的英國形象管理色彩系統。eva從一個上班粉領族到成為執行長與創業家，經常出席商務場合、宴會，在挑選衣服時，發現台灣各大百貨公司與網路商城幾乎沒有一家服飾店、品牌專櫃可以提供完整一系列的場合服飾，且多數以休閒服為主，不然就是制式缺乏風格的單品，勉強好看的雖然便宜但相對的布料品質較一般，洗個兩三次就變形，而超級時尚、料子好的國際精品服飾單價又很高，只能偶爾買一次。

她也發現多數成功的菁英女性朋友們一樣有這個困擾，就是很難挑選到在職場穿的服飾，要能襯托專業形象，同時帶有時尚感，下班後就算穿著同一套衣服去約會、聚會也能大方得體。所以女人們打開衣櫥，通常有高達 80 % 的衣服只穿 2～3 次（有些甚至沒穿過就放到過季或沒興趣穿了），剩下常穿的那幾件也不見得最適合自己，因為多數人不知如何正確穿搭，所

以只好模仿自己喜歡的藝人、名人，很少人知道自己的風格、骨架、身材、皮膚色彩屬性，應該要穿哪一類衣服最能襯托出完美的自己，以及考量不同場合的穿搭策略。

也就是說穿對衣服真的是一門大學問，妳的形象大大左右他人對妳的觀感，以及妳的專業形象、影響力、人際關係、領導力。特別是老闆、主管、業務、主持人、講師、律師、會計師、設計師、專業人士、需要常常出席社交活動的人，穿著形象已經是最重要的競爭力了，其重要性不亞於專業技能、學歷。於是「ERISD MIRO 厄里斯魔鏡」創辦人 eva 芯羽，就將她喜愛穿搭的興趣結合專業的形象管理技巧，針對菁英女性設計出「專業又時尚」的場合服飾，並且以國際精品的水準來塑造品牌形象，從台灣台中出發，目標就是要打造一個世界級的服飾品牌，幫助更多人活出真實最美的自己，在職場與生活都能發光發熱！

# 專注於你的興趣，成為這個領域的佼佼者

人應該要順應自然去做自己喜歡的事情，把最熱愛的興趣挖掘出來，不論畫畫也好、攝影也好，一定會有一件是非常喜歡的，做喜歡的事情時候是非常快樂、非常享受的。譬如有個人的興趣是烹飪，他就會自發性的想學習烹飪，而且還會不斷的

想增加這方面的知識與技巧，甚至是到國外進修，在完全沒有人逼迫的情形之下，就會想讓自己更進步。當然也可以找這項興趣中的專家，然後向這位專家學習，從與這位專家的對談及互動中學習對方的智慧、技能。越學越多越專精，一定可以成為這個領域裡的佼佼者，甚至在這個領域中占有一席之地，擁有自己的地盤，成為被他人欽佩、崇拜的對象。

當找到了自己的興趣，不要再只把它當作是一個「興趣」，而是要認真的學習這個「興趣」，正所謂「坐而言，不如起而行」，從現在開始，給自己一年的時間，這一年的時間裡，白天還是一樣從事目前的工作，畢竟現實生活的壓力是很殘酷的，最基本還是得養活自己及家人，因此每天照樣上班，盡量準時下班，除了運動、陪家人、吃飯、睡覺以外的所有時間，都要精準的運用在學習上面。最好到專業的補習班上課，因為在補習班會遇見同好，可以互相切磋、交流，當有疑問的時候也可以馬上請教老師。能夠成為某一項技藝的老師，想必這位老師一定受過非常專業的訓練，所以去上課時，老師就是挖掘智慧的最好寶庫，遇到不會的問題一定要馬上發問，問到自己會為止。通常老師們也都擁有許多資源，像是最近有什麼樣展覽活動，都是老師們可以提供的。

# 讓興趣當飯吃，工作不再只是工作

用以上的方法認真鑽研一年後，相信專業功力已經很強，能量也已經醞釀得很飽滿，這個時候可以開始考慮是不是要轉換跑道換工作，換到喜歡的這個興趣領域裡的工作。因為這個時候的能量已經很飽滿，內外在的專業知識都已經很充足，面試時絕對一開口就言之有物，加上也都考取專業證照，根本不用害怕找不到工作。自此，職場生活會變得非常輕鬆、愉快，因為是在做喜歡的事情，而不像是在工作，就算是加班、被派出公差，也會感到開心。

人生從此將重新開始，不只不會抗拒工作，還會繼續不斷的學習，當真正進到這個領域後，發現人外有人、天外有天，不想被別人超越，甚至想超越別人。因為這是一件自己熱愛的事情，所以會更自動自發的學習，如此良性循環下，越學越多反而越來越開心，這樣熱在工作的生活絕對是從前沒有體驗過的。接著，再給自己三年的時間，這三年的時間認真工作、下班繼續認真學習；三年之後，不只專業知識充足、能力強，很有可能已經成為這個領域裡的專家，甚至是盛名遠播的佼佼者。

最後，請大家寫下，自己要培養的興趣名稱（各 2 個）：

1. 室內的興趣：

_____。

CH
**6**

最能代表迷你退休的生活型態

2. 戶外的興趣：

   _____。

3. 自己一人就能玩的興趣：

   _____。

4. 需要 2 個人以上到一群人玩的興趣：

   _____。

以上共 8 個興趣，請填寫完之後再寫：

不論目前的我退休了沒，_____興趣我要每週玩一次，

_____興趣每個月玩一次，_____興趣每 3 個月

玩一次，_____興趣每半年玩一次，_____興趣

每一年玩一次。我要在今天先去買_____興趣的書，集

中精神大量閱讀。（千碩老師我建議您同一領域的書最少買 5

本不同作者的著作）

我要在本週去了解哪裡可以進修：

_____。

我要在今年把這個興趣玩到什麼程度：

_____。

我要在明年展示給朋友看：

_____。

# 行動吧！
# 你的人生開始
# 要完美了！

今天一氣呵成寫下計劃，
明天立即進行迷你退休生活。

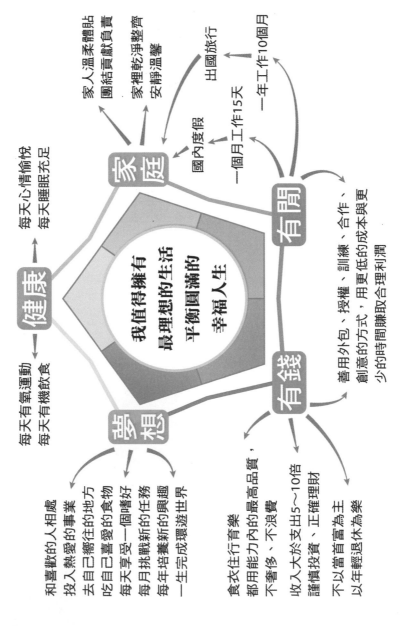

家人溫柔體貼
團結貢獻負責
家裡乾淨整齊
安靜溫馨

出國旅行
一年工作10個月
國內度假
一個月工作15天

健康
每天心情愉悅
每天睡眠充足
每天有氧運動
每天有機飲食

家庭

有閒

有錢

夢想

我值得擁有
最理想的生活
平衡圓滿的
幸福人生

善用外包、授權、訓練、合作、
創意的方式，用更低的成本與更
少的時間賺取合理利潤

和喜歡的人相處
投入熱愛的事業
去自己嚮往的地方
吃自己喜愛的食物
每天享受一個嗜好
每月挑戰新的任務
每年培養新的興趣
一生完成環遊世界

食衣住行育樂
都用能力內的最高品質，
不奢侈、不浪費
收入大於支出5～10倍
謹慎投資、正確理財
不以當富首為主
以年輕退休為樂

## 心想事成
# 提早實現迷你退休

「千萬不要努力工作」，請放下傳統的思維與傳統的加班工作型態，積極撥出更多時間進修與閱讀，學習讓自己用更少時間獲得合理的、足夠的收入，把多一點時間放在家庭與旅行上，慢活、安靜、充實的旅程，會讓自己成為生命中最棒的自己！每天請對自己說：我值得擁有最理想的生活，感謝上帝讓我擁有完美的人生！

第 7 章雖然是本書的最後一章，但卻是你人生新的起點。「迷你退休」是一個很有趣的概念，也可稱為一種新的人生風格，希望未來能夠成為一種「運動」，也就是風氣，讓全民一起迷你退休，當然該做的工作還是得完成，方可讓世界繼續正常運轉。

希望透過本書跟大家分享，未來短短幾年 AI 人工智慧、大數據、機器人也許會取代掉許多人類工作，但也讓大家做事情更有效率，有更多時間從事更有價值的事，更大量的釋放人類的創造力。就像洗衣機、電鍋、瓦斯爐、汽車的出現，讓全球將近一半的人口，不用花太多時間與勞力蹲在河邊洗衣服、不用花太多時間燒木材煮飯、不用花太多時間騎腳踏車載小孩上

行動吧！你的人生開始要完美了！

學，過去短短 100 年來，數以千計的發明，每一項都是讓人類用更少的時間來完成事情。所以你會發現，近代的女性成功者、企業家、發明家、科學家，為何比 50 年前多，比 100 年前更多，比 200 年前多更多！

因為科技的進展，幫助現代許多女人可以多出比 100 年前的女人有更多的自由時間學習、做研究、專心工作、放心創業，多數女人只是企圖心沒有男人強烈，但多數女人的學習力與做事彈性、細心、重視客戶使用者經驗（創意與感覺）比男人強，也就是右腦使用率更高。所以過去這 40 年來，事業成功同時家庭成功的女人越來越多，包括改變世界的女人也越來越多。也就說，只要給女人機會、時間、資源，她們創造生命與延續生命的能力比男人強。（這邊指的生命，不只是生育功能，包含研究、發明、經營事業）所以我很確信，一個男人若想要好命、幸福，遇到好女人占 8 成因素；一個家庭要三代都幸福，好女人則占 99 ％。

千碩這本書的核心價值是：希望鼓勵更多人、幫助您，用更少時間獲得合理的、足夠的收入，加上科技醫療的進展，讓時間與壽命不斷被延長，未來人類需要更多可以滿足精神層次的活動一直被創造出來。依照我的判斷，科技每年數十倍速度加乘綜效後，其演化能力大過目前人類的想像，相信 2040 年時，

人類就會進入到新的紀元，陸續移居太空，再也沒有長時工作等問題，每個人有更多時間交流與經營家庭生活，人類會持續越來越幸福。當然，懶惰、沒專長、不工作又很笨的人還是會失業、被淘汰。而關鍵是大腦是否持續更新、持續升級，讓自己用更少時間跟上世界快速的變化。

首先我們先看以下聯想接龍：

我問自己：「如何面對我的生命？」而我的房間竟然給了所有的答案。

的答案。

屋頂說：「要目標夠高。」

電扇說：「要保持冷靜。」

時鐘說：「要珍惜光陰。」

日曆說：「要日新月異。」

錢包說：「要量入為出。」

鏡子說：「要反觀自己。」

桌燈說：「要照亮別人。」

牆壁說：「要扛起重擔。」

窗戶說：「要拓寬視野。」

地板說：「要腳踏實地。」

樓梯說：「要注意腳步。」

而最鼓舞人心的則是馬桶說：「該放下時就要放下。」

## 專家分享

| 台灣國際物流暨供應鏈協會（Tilsca）董事長 | 秦玉玲 |

　　秦玉玲董事長不僅在台北市精華地段成功經營「56講堂」，專門提供優質教室給企業舉辦教育訓練，同時擔任宇柏資訊董事總經理，天和扶輪社社長，多所大學客座講師，投資管理頂級商辦，書法比賽常勝軍，歌劇比賽演出第一名，台北市民管樂團主唱之一（讀的科系竟然是東海大學數學系），也幫數十家企業撰寫企劃書，成功向政府提案並拿到千萬元以上的創業資金，還被邀請到歐洲指導數十家新創企業創新商業模式，簡直是台灣難得一見的「斜槓企業家」，更符合本書「迷你退休」的樂活人生。

　　秦玉玲董事長分享她從職員到創業成為老闆的原因，就是「好奇心、好動、效率」：好奇心指的是為何以前上班時，看到自己老闆和主管們，很少會把公司的每個環節做得更好，原因在於老闆沒有想要再創新、再突破，而好奇心就是一種想要嘗試用新的方法、用更好的做法的一種態度，秦玉玲董事長當時也很好奇自己是否能同時成為「多元技能、多重身份」的人，反而變成她成功創業的原因之一；因為創業當老闆就是要比員工「主動」，看的面向要更廣、更遠、更深，也要主動學習各項能力（也滿足了她好動的個性）；既然都要花時間上班工作才有收入，若可以開一間公司請員工來工作，同一平行時間裡就會有一組人跟我一起完成任務，這就是效率。若未來某一天我又在生活中對某件事好奇、想嘗試，甚至想要變成第二份事業時，我又可以再新聘員工、再一起做，這樣每天同一份時間可以同時進行許多不同的事情，這就是效率。

　　秦玉玲董事長給想要創業的人建議：要有領導力、組織力、分析力、好口才、培養好人際關係，更要有面對困境的心理準備，並且盡全力解決，若最後無解，就讓老天爺安排，只要心

存善念，最後上天肯定會再給你新的機會去發展。

至於她為何有辦法、又熱衷多重身份？原因就是她認為「人」生來就是要玩，應該要多采多姿，不應該只侷限在一種身份、一種職業、一種工作而已，否則就「白來了」。當你心態、價值觀鎖定自己是什麼樣的人，就會產生那個行為、達成心中的結果，所以要常告訴自己「勇於挑戰、超越自己」！

## ◆ 我值得過最理想的生活

盡情發揮想像力，寫下您希望自己每週進行哪些活動，讓自己最幸福。

|  | 週一 | 週二 | 週三 | 週四 | 週五 | 週六 | 週日 |
|---|---|---|---|---|---|---|---|
| 睡醒 |  |  |  |  |  |  |  |
| 早上 |  |  |  |  |  |  |  |
| 上午 |  |  |  |  |  |  |  |
| 中午 |  |  |  |  |  |  |  |
| 下午 |  |  |  |  |  |  |  |
| 傍晚 |  |  |  |  |  |  |  |
| 晚上 |  |  |  |  |  |  |  |
| 睡前 |  |  |  |  |  |  |  |

每天對自己說：我會積極採取行動、持續前進、我一定可以心想事成！

為了實現夢想

# 一定要拼搏到感動自己！

夢想，不會因等待而變成現實；人生，不會因忍讓而創造奇蹟。不要再汲汲營營小確幸，做你想做的，創造當下的幸福，告別窮忙的苦悶人生，勇敢踏出這一步，告訴自己：我要創造幸福人生！我值得擁有最理想的生活！

從小就失明失聰的海倫凱勒，憑著自己的毅力重新學會閱讀與說話，並取得哈佛大學的學歷。她說：「人生若不去冒險勇於實現夢想，那活著還有什麼意義呢！」

是的，我們的一生，若生活與工作都失去了樂趣，也無法讓家庭更幸福，那活著還有什麼意義呢？千萬不要抱怨，只會產生負能量，吸引到負面的人；而是要多學習、要多思考、要多請益幸福人士，如何幫助我們的生活更充實、讓自己的工作表現更出色，持續提升自己程度並且無私的貢獻家庭，讓活著的每一天充滿幸福。

美國〈華盛頓郵報〉評選世界十大奢侈品，而這十大奢侈品竟

然沒有一件有價商品上榜，上榜的盡是與人生理念和身心靈富足相關的無價商品，真是超奢侈的夢幻商品：

1. 生命的覺醒和開悟。

2. 一顆自由喜悅和充滿愛的心。

3. 走遍天下的氣魄。

4. 回歸自然。

5. 安穩平和的睡眠。

6. 享受屬於自己的空間和時間。

7. 彼此深愛的靈魂伴侶。

8. 任何時候都有真正懂自己的人。

9. 身體健康和內心富足。

10. 感染並點燃他人的希望。

這就是迷你退休的精神！朝人生理念前進和身心靈富足＝完全的幸福！

決定你一生是否幸福，關鍵在這一生和誰在一起，一起去做哪些事情。戀愛時，女人聽男人的，大家都快樂；進入婚姻時，男人聽女人的，大家都幸福。多數男人不懂裝懂，多數女人懂卻裝不懂。男人要多進修提升知識，用腦獲取財富，而不是用勞力，方可有多一點時間與經濟能力陪伴家人，並且要比家人更重視健康，方可照顧家庭，同時強化自己的修養，常保溫柔的笑容、體貼的心；女人要多閱讀、提升內涵，維持優雅的外

貌容顏與身材、靈性以及強化理財力，用心創造魅力與經濟獨立，讓男人需要妳。有句話請記住：「別強拉馬到湖邊，若要讓馬喝水，就讓馬口渴。」男人就算事業再忙，若有個吸引他的女人要約碰面，很快就能喬出時間，就算老闆要開會、總統要召見也擋不了；若男人多數時間用在工作卻很少陪伴家人，表示他沒這麼愛家人，他也不願意動腦想出如何增加財富又有效率（有閒）的方法讓家庭更幸福。女人喜歡勤奮的男人，願意為她付出的男人，而不是有錢的男人；男人喜歡認真自我實現的女人，而不是有心機又聒噪的美女。沒有任何一個女人，可以遊手好閒贏得好男人的欣賞；更沒有任何一個男人能夠好吃懶做，得到一個好女人的青睞。

別把時間浪費在解釋上，沒有付出就沒有成長，現在就寫下你未來一年事業目標：＿＿＿＿＿＿＿＿＿＿＿＿＿＿＿＿＿
年收入與存款目標：＿＿＿＿＿＿＿＿＿＿＿＿＿＿＿＿
家庭休閒活動：＿＿＿＿＿＿＿＿＿＿＿＿＿＿＿＿＿＿
維持健康計劃：＿＿＿＿＿＿＿＿＿＿＿＿＿＿＿＿＿＿
然後再請你寫下：每天下班之後、一直到睡覺前、還有休假時，你應該做哪些事情可以幫助自己達成這四大目標：
＿＿＿＿＿＿＿＿＿＿＿＿＿＿＿＿＿＿＿＿＿＿＿＿＿
＿＿＿＿＿＿＿＿＿＿＿＿＿＿＿＿＿＿＿＿＿＿＿＿。

從現在開始認真進修、學習、多閱讀，成為最棒的自己。千萬不要努力工作，還傻傻加班工作一生，成天等下班也沒目標的亂晃，而是要用心尋找、創造出自己最熱愛的工作與行業，認真思考如何讓工作的品質與效能更好，提早規劃創業的計畫、學習商業模式、善用創意與科技、持續提升內涵、多旅行增廣視野、提升人際關係、做好理財規劃，讓自己年輕退休，讓家人過好生活。

行動吧！你的人生就要完美了！千碩老師再次感謝您的支持，歡迎您將本書放在床頭邊，時時提醒自己：我要創造幸福人生！我值得擁有最理想的生活！

CH
7

行動吧！你的人生開始要完美了！

想要知道更多的千碩老師嗎?

想要瞭解更多的腦力開發資訊嗎?

想要獲取更多迷你退休實戰分享嗎?

# 歡迎加入黃千碩天才學院

Line@ Facebook 官方網站

# 腦力開發專業訓練

我們雖然無法決定
自己的出身與過去

但可以透過
腦力開發更聰明之後

創造更強的自己！

讓家人和未來更幸福！

## 提升 五大 競爭力

**01** Mind Mapping
- ▶ 快速學習吸收
- ▶ 關鍵字技巧訓練
- ▶ 建立腦袋資料庫

**02** 創新商業模式
- ▶ 全台獨家腦力開發
- ▶ 提升高效率
- ▶ 矽谷破壞式創新

| 03 | 全腦式速讀法 | ▶ 提升五倍閱讀速度<br>▶ 黃金複習法提升記憶<br>▶ 每分鐘閱讀150-5000字<br>▶ 閱讀速度提升<br>▶ 快速掌握重點 |

| 04 | 演說表達力 | ▶ 表達技巧提升<br>▶ 加強溝通技巧<br>▶ 培育領袖風範<br>▶ 提升演說技巧 |

| 05 | 立體圖像記憶 | ▶ 擁有絕佳記憶力<br>▶ 邏輯思考立體式圖像<br>▶ 過目不忘的能力 |

## 創造自己的精彩人生！

《最新課程資訊》
歡迎掃描QRcode
服務專線：(04)2255-9595
公司地址：台中市西屯區朝富路213號10樓B5

# 誰是接班人？

出井再戰為傳承 ▶ 寬度、廣度、亮度、深度

## 王晴天 董事長 ▶

兩岸十數億營收文創集團經營者，兒女均另行築夢，無意接班…………
兩岸多家企業都在尋覓接班人！僅我們所熟悉者就有百餘家！總營收逾千億…………

魔法講盟 受託啟動「接班人計畫」，布局接班人魚池，擇優傳承…………
培訓就是培養培育並訓練，使之青出於藍而勝於藍！

## 崔沛然 大師 ▶

魔法講盟 特邀美國史丹佛大學米爾頓‧艾瑞克森學派培訓大師崔沛然，將您培養成 4.0 版的 CEO，晉身接班人團隊！

心態　潛能　熱情&能力
人際關係　企圖心

行為學　出井成功學　領導學　魅力 (Charisma)　NLP HQ　心理學

一週創業成功魔法

帶對了！天兵也能菁英

## CEO4.0暨接班人團隊培訓計畫
八日完整班（每周日下午上課）

史上最強組合　　授課講師 ▶ 崔沛然
　　　　　　　　隨班教練 ▶ 王晴天

---

課程詳情｜報名｜其他梯次開課日期 請上 魔法講盟 官網

www.silkbook.com　silkbook○com 新絲路網路書店查詢

## 魔法講盟

# 區塊鏈國際認證講師班

　　錯過區塊鏈，將錯過一個時代！**馬雲說：「區塊鏈對未來影響超乎想像。」**錯過區塊鏈就好比 20 年前錯過網路！想了解什麼是區塊鏈嗎？想抓住區塊鏈趨勢創富嗎？

　　區塊鏈目前對於各方的人才需求是非常的緊缺，其中包括區塊鏈架構師、區塊鏈應用技術、數字資產產品經理、數字資產投資諮詢顧問等，都是目前區塊鏈市場非常短缺的專業人員。

**魔法講盟**特別對接大陸高層和東盟區塊鏈經濟研究院的院長來台授課，**魔法講盟**是唯一在台灣上課就可以取得大陸官方認證的機構，課程結束後您會取得大陸工信部、國際區塊鏈認證單位以及魔法講盟國際授課證照，取得證照後就可以至中國大陸及亞洲各地授課＆接案，並可大幅增強自己的競爭力與人脈圈！

*由專家教練主持，即學・即賺・即領證！*
*一同賺進區塊鏈新紀元！*

**開課時間** 2019 / 7 / 13、7 / 14

**課程地點：**采舍國際出版集團總部三樓
New Classroom

新北市中和區中山路 2 段 366 巷 10 號 3 樓
( 中和華中橋 COSTCO 對面 )

國家圖書館出版品預行編目資料

輕鬆成為新富族，迷你退休樂活手冊 / 黃千碩 著 .
-- 初版 . -- 新北市：創見文化出版，采舍國際有限公
司發行 , 2019.06　面；公分 --（優智庫 67）
ISBN 978-986-97636-2-2（平裝）

1. 退休　2. 自我實現　3. 生活指導

544.83　　　　　　　　　　　　108006433

優智庫67

# 輕鬆成為新富族，迷你退休樂活手冊

**創見文化** · 智慧的銳眼

出版者／創見文化
作者／ 黃千碩
副總編輯／陳雅貞
主編／蔡秋萍
美術設計／陳君鳳

本書採減碳印製流
程，碳足跡追蹤，
並使用優質中性紙
（Acid & Alkali Free）
通過綠色環保認證，
最符環保要求。

郵撥帳號／ 50017206 采舍國際有限公司（郵撥購買，請另付一成郵資）
台灣出版中心／新北市中和區中山路 2 段 366 巷 10 號 10 樓
電話／（02）2248-7896　　　　　傳真／（02）2248-7758
ISBN ／ 978-986-97636-2-2　　　　出版日期／ 2019 年 6 月

全球華文市場總代理／采舍國際有限公司
地址／新北市中和區中山路 2 段 366 巷 10 號 3 樓
電話／（02）8245-8786　　　　　傳真／（02）8245-8718

全系列書系特約展示門市
新絲路網路書店
地址／新北市中和區中山路 2 段 366 巷 10 號 10 樓
電話／（02）8245-9896
網址／ www.silkbook.com
本書為《迷你退休》最新增訂版

本書於兩岸之行銷（營銷）活動悉由采舍國際公司圖書行銷部規畫執行。

線上總代理 ■ 全球華文聯合出版平台 www.book4u.com.tw
主題討論區 ■ https://www.silkbook.com/activity/2019/course/silkbook_club/　　● 新絲路讀書會
紙本書平台 ■ http://www.silkbook.com　　　　　　　　　　　　　　　● 新絲路網路書店
電子書平台 ■ http://www.book4u.com.tw　　　　　　　　　　　　　　● 華文電子書中心

B 華文自資出版平台　　　全球最大的華文自費出版集團
www.book4u.com.tw
elsa@mail.book4u.com.tw　　專業客製化自助出版 · 發行通路全國最強！
iris@mail.book4u.com.tw